GRUNDKURS PHILOSOPHIE

Band 1
Logik

Von Wolfgang Detel

Philipp Reclam jun. Stuttgart

RECLAMS UNIVERSAL-BIBLIOTHEK Nr. 18468

Gesamtherstellung: Reclam, Ditzingen. Printed in Germany 2007

ISBN 978-3-15-018468-4

www.reclam.de

Inhalt

Einleitung

Motive, Inhalt und Ziele

Die vorliegende Reihe versteht sich als Einführung in die Grundlagen der theoretischen und praktischen Philosophie des 20. Jahrhunderts. Die Reihe beginnt mit fünf Bänden zur theoretischen Philosophie. Ein sechster Band über Ethik sowie ein siebter Band über politische Philosophie werden den Grundkurs Philosophie auf die praktische Philosophie hin ausweiten.

Eine schnelle Antwort auf die Frage, was die theoretische im Gegensatz zur praktischen Philosophie auszeichnet, ließe sich unter Verweis auf den Inhalt dieser Reihe angeben: Theoretische Philosophie besteht aus heutiger Sicht aus dem Ensemble der in den folgenden fünf Bänden beschriebenen Disziplinen und Theorien. Eine verbreitete Auffassung besagt, dass sich die theoretische Philosophie mit beschreibenden (= deskriptiven) Sätzen und Einstellungen zur Welt befasst, während sich die praktische Philosophie (im Wesentlichen Moralphilosophie, politische Philosophie und Sozialphilosophie) mit wertenden (= normativen) Sätzen und Einstellungen zur Welt beschäftigt. Diese Auffassung ist nicht völlig falsch, aber doch in mancherlei Hinsicht problematisch. So unterstellt sie, dass die Philosophie sich nicht mit der Welt selbst, sondern mit unserer Rede über die Welt und mit unseren Einstellungen zur Welt beschäftigt – als gehörten diese Reden und Einstellungen nicht auch zu unserer Welt. Und sie unterstellt meist auch, dass Fakten, die wir deskriptiv beschreiben, unabhängig von uns in der Welt gegeben sind, während Werte, die wir normativ beschreiben, erst durch unsere Bewertungen in die Welt kommen. Diese Unterstellung wird jedoch heute nicht mehr allgemein geteilt. Außerdem gilt es zu bedenken, dass wichtige Teildisziplinen der modernen theoretischen Philosophie, beispielsweise Logik, Semantik (= Bedeutungstheorie) und Wissenschaftstheorie, nicht selten als normative philosophische Theorien aufgefasst werden.

Aus diesen Gründen sollte die Unterscheidung in theoretische und praktische Philosophie vorsichtiger gefasst werden. Theoretische Philosophie befasst sich vornehmlich mit Aktivitäten und Ideen, die mit der Art und Weise zusammenhängen, wie wir die Welt auffassen und auf sie reagieren – mit dem Fühlen, dem Denken, dem Argumentieren und dem Erklären, aber auch mit unseren Ideen von der Natur, vom Geist und vom sozialen Bereich; dabei geht es unter anderem auch darum, was angemessenes Fühlen, Denken, Argumentieren oder Erklären ausmacht. Die praktische Philosophie befasst sich demgegenüber vornehmlich mit Aktivitäten und Ideen, die mit der Art und Weise zusammenhängen, wie wir die Welt verändern und verbessern wollen. Sie beschäftigt sich mit moralischem oder politischem Handeln, aber auch mit unseren Ideen vom guten Leben, von Freiheit und Verantwortung, vom besten Staat oder vom moralischen Standpunkt.

Aus dieser Perspektive gesehen lässt sich die Unterscheidung zwischen theoretischer und praktischer Philosophie an die Differenz zwischen zwei grundlegenden geistigen Beziehungen zur Welt ankoppeln, nämlich dem Meinen und dem Wünschen: unsere Meinungen sollen so sein, wie es die Welt verlangt – unsere Meinungen weisen, wie man in der modernen theoretischen Philosophie auch sagt, eine Wort-auf-Welt-Ausrichtung auf. Im Gegensatz dazu soll die Welt so sein, wie es unsere Wünsche verlangen – unsere Wünsche weisen also eine Welt-auf-Wort-Ausrichtung auf (vgl. 3.134).

Eines der zentralen Ziele der ersten fünf Bände der Reihe besteht darin, einen Überblick über 16 wichtige Teildisziplinen der modernen theoretischen Philosophie zu liefern. Dieser Überblick kann schon aufgrund seiner Kürze selbstverständlich nicht mit umfangreicheren Einführungen in Teilgebiete der theoretischen Philosophie – etwa mit speziellen Einführungen in die Logik, Philosophie des Geistes oder Wissenschaftstheorie – konkurrieren. Die Bände stellen vielmehr ein ausführliches Kompendium dar, das die wichtigsten Begriffe und Positionen aller wichtigen Teildisziplinen der modernen theoretischen Philosophie präsentiert. Dies geschieht in einer Form, die sowohl möglichst knapp als auch genau und verständlich ist. Diese Zielvorgabe ist nicht immer leicht zu erreichen. Der damit verbundene inhaltliche und formale Anspruch unterscheidet die folgende Darstellung sowohl von allgemeinen Einführungen in die Philosophie als auch von speziellen Einführungen in einzelne philosophische Teildisziplinen.

Der riskante Versuch, einen derartig umfassend angelegten Überblick zu liefern, speist sich aus einem didaktischen und einem theoretischen Motiv:

Das didaktische Motiv entspringt dem Umstand, dass es in der modernen theoretischen Philosophie sehr viel zu lernen gibt. Umfangreiche Grundkenntnisse bilden auch in der Philosophie wie in anderen Wissenschaften, im Handwerk oder in der Kunst die Basis für erfolgreiche eigenständige Arbeit. Dabei ist es ebenso schwierig wie wichtig, nicht in der Detailfülle unterzugehen und den Blick auf das Ganze nicht zu verlieren, vor allem dann, wenn man bedenkt, dass die Philosophie eines der wenigen Fächer ist, die ihren Studierenden Kenntnisse sowohl in der Systematik als auch in der Geschichte des Faches abverlangen. Außerdem räumt die deutsche Universität den Studierenden immer weniger Zeit für ihr Studium ein. Die folgende Darstellung soll dazu beitragen, diese Schwierigkeit zu meistern.

Das theoretische Motiv, das der Anlage und dem Anspruch dieser Bände zugrunde liegt, geht aus der Entwicklung der theoretischen Philosophie in den letzten Jahrzehnten (etwa seit 1970) hervor. Im Zuge dieser Entwicklung vernetzen sich die Teildisziplinen der theoretischen Philosophie stark miteinander. Heute lässt sich beispielsweise Sprachphilosophie unabhängig von Semantik und der Philosophie des Geistes nicht mehr betreiben. Zugleich sind philosophische Theorien, die früher eher zur praktischen Philosophie gehörten, inzwischen der theoretischen Philosophie erheblich näher gerückt oder sogar Bestandteile der theoretischen Philosophie geworden, etwa die Handlungstheorie oder die Sozialontologie. Diese Vernetzung macht die gegenwärtige theoretische Philosophie ebenso komplex wie interessant, insbesondere deshalb, weil die Vernetzung dazu geführt hat, dass nach einer Phase detaillierter Kleinarbeit wieder verstärkt die großen Fragen der Philosophie aufgenommen und zum Teil auf eine neue und höchst interessante Weise beantwortet werden.

Ein wichtiger Aspekt dieser Entwicklung zeigt sich im allmählichen Verschwinden der erheblichen intellektuellen Kluft zwischen angelsächsischer analytischer Philosophie (in ihrer vornehmlich systematischen Ausrichtung) und der kontinentalen Philosophie (in ihrer vornehmlich historischen Ausrichtung). Diese Kluft hatte die philosophische Szene des 20. Jahrhunderts über weite Strecken beherrscht. Systematisch orientierte analytische Philosophen beginnen die Tiefe der besten philosophischen Klassiker und historisch orientierte kontinentale Philosophen beginnen die Raffinesse der besten analytisch inspirierten philosophischen Ansätze zu würdigen. Dieser erfreuliche Prozess hat allem Anschein nach dazu beigetragen, dass in vielen Bereichen der theoretischen Philosophie attraktive neue Ansätze entwickelt werden konnten. Man könnte angesichts dieser Entwicklung von einer postanalytischen Philosophie sprechen, die (zumindest in der Philosophie) die klassische analytische Philosophie und das postmoderne Denken überholt hat. Ich hoffe, dass in dieser Einführung einige Funken von dem neuen Flair und den steilen

Ambitionen der heutigen theoretischen Philosophie aufblitzen und auf die Leser überspringen.

Der postanalytischen Philosophie geht es um alles, d. h. um Natur, Geist, Gesellschaft und vor allem um den Zusammenhang zwischen diesen drei großen Feldern. Die Art und Weise, wie wir diesen Zusammenhang verstehen, bestimmt wesentlich unser Selbstverständnis. Etliche erfolgreiche Einzelwissenschaften haben auf all diesen Gebieten interessante Theorien entwickelt, deren Resultate und Argumente die Philosophie zu beachten und zu würdigen hat. Aber im Chor der verschiedenen Äußerungen zu diesen Themen hat die Philosophie durchaus eine eigene Stimme und eine spezifische Orientierung.

Eines der weitreichendsten Probleme ist in diesem Zusammenhang heute beispielsweise die Frage des Naturalismus – also die Frage, ob das Geistige und Soziale letztlich nur Varianten natürlicher Systeme sind und ob daher alles, was im Bereich des Geistigen und Sozialen beschrieben oder erklärt werden kann, letztlich in Begriffen der Naturwissenschaften beschrieben oder erklärt werden kann. Eine angemessene Antwort auf diese zentrale Frage im Zusammenhang mit unserem Selbstverständnis kann nur durch viele gute Theorien über die Unterscheidung und den Zusammenhang von Natur, Geist und Gesellschaft erarbeitet werden. Die wichtigsten dieser Theorien, die von der Philosophie heute zu dieser Frage beigesteuert werden, sollen in diesem Grundkurs skizziert werden. Dabei zeichnet sich auch der Umriss eines modernen, inhaltlich reichen Weltbildes ab. Hier ist natürlich auch die moderne praktische Philosophie einschlägig, die ebenso attraktiv ist wie die theoretische Philosophie. Unter systematischen Aspekten müssen die Felder der praktischen Philosophie allerdings den Theorien der theoretischen Philosophie nachgeordnet werden: die praktische Philosophie setzt die theoretische Philosophie voraus, während das Umgekehrte nicht gilt.

Aufbau und Methode der Reihe

Die Präsentation des umfangreichen Stoffes erfolgt rein systematisch. Philosophische Vorkenntnisse werden nicht vorausgesetzt. Die Begriffsbildungen und Positionen werden Schritt für Schritt eingeführt und bauen aufeinander auf. Daher werden sie nummeriert. Dabei bezeichnet die erste Zahl die Bandnummer, die zweite Zahl die entsprechende Explikation (= begriffliche Erläuterung). Die Nummerierung läuft durch alle Bände durch, beginnt also nicht in jedem Band von vorn. »1.35« verweist beispielsweise auf Explikation 35, die in Band 1 steht, »3.150« auf Explikation 150, die in Band 3 vorkommt, und »5.300« auf Explikation 300 und damit auf die letzte Explikation in Band 5.

Wer ernsthaft in den präsentierten Stoff einsteigen will, sollte sich darum bemühen, diese Explikationen so weit wie möglich zu verinnerlichen. Diese Bemühung soll durch drei Maßnahmen unterstützt werden:

1. Fast alle Explikationen werden kommentiert und außerdem durch viele Beispiele erläutert. Zu Beginn eines jeden Kapitels wird zudem die allgemeine Idee des behandelten Gebietes umrissen, z. B. die philosophische Idee hinter der Logik oder die philosophische Idee des Wissens. Wenn zu einem eingeführten philosophischen Begriff ein weiterer Fachausdruck existiert, der dasselbe bedeutet, wird er in den meisten Fällen in runden Klammern hinter einem Gleichheitszeichen angegeben.
2. Der Text enthält zahlreiche interne Verweise auf Explikationen, die bereits eingeführt wurden, zuweilen aber auch auf Explikationen, die erst später eingeführt werden. Dadurch soll das begriffliche Netz, das in diesen Bänden entfaltet wird, transparenter und die Erinnerung an schon eingeführte Kontexte geschärft werden. Ein Verzeichnis der wichtigsten Begriffe dient demselben Zweck.

3. Zu den einzelnen Kapiteln und den meisten der aufgeführten philosophischen Explikationen werden am Ende eines jeden Bandes Übungsaufgaben gestellt, die den Lernprozess unterstützen und zugleich auf die konkrete Anwendbarkeit der eingeführten Explikationen verweisen. Am Ende der Übungen wird ein Test angeboten, mit dessen Hilfe der Leser seinen Wissensstand und seine analytischen Fähigkeiten überprüfen kann.

Von ihrer Anlage her gesehen stellt diese Einführung daher einen Grundkurs dar, der auch einem Selbststudium und als Hintergrundinformation für philosophische Proseminare dienen kann. Die einzelnen Kapitel und Bände bauen begrifflich und sachlich aufeinander auf, sollten also in der angebotenen Reihenfolge studiert werden. Alle Kapitel und Bände zusammengenommen entwickeln die Grundzüge einer einzigen umfassenden Theorie. Mit Hilfe eines guten Philosophie-Lexikons können die einzelnen Bände allerdings auch unabhängig voneinander gelesen werden. Und wer sich beispielsweise in der Argumentationstheorie und Logik bereits auskennt, sich aber über die Metaphysik oder die Philosophie des Geistes orientieren will, kann den entsprechenden Einzelband lesen.

Die Unterteilung des Stoffes der theoretischen Philosophie in fünf Bände geschieht nicht willkürlich, sondern aus sachlichen Gründen. Der erste Band behandelt argumentationstheoretische und logische Grundlagen, auf die in allen weiteren Bänden zurückgegriffen werden muss. Der zweite Band beschäftigt sich mit metaphysischen und naturphilosophischen Theorien zu den grundlegenden Bausteinen der Welt in natürlichen und lebenden Systemen. Der dritte Band hat den Geist mit seinen unterschiedlichen Ebenen zum Gegenstand, also den Ebenen des Fühlens, des Denkens, der Sprache und des Bewusstseins. Dieses Thema wird im vierten Band weitergeführt mit der Behandlung weiterer Formen des Geistigen, nämlich von Wahrnehmung, Wissen und Wissenschaft. Der fünfte und letzte Band schließlich behandelt den Bereich der Handlungen, des Sozialen und ihrer wissenschaftlichen Analysen. Vom zweiten bis einschließlich dem fünften Band wird also in Umrissen die Entwicklung vom Natürlichen über das Geistige zum Sozialen aus philosophischer Perspektive nachgezeichnet. In Rahmen dieses systematischen Aufbaus müsste das Thema des ersten Bandes eigentlich zwischen dem dritten und vierten Band angesiedelt werden, denn Prädikation, Argumentation und Logik beruhen auf der Sprache und der Bedeutung sprachlicher Ausdrücke. Es lässt sich aber vor allem didaktisch begründen, dass Theorien der Prädikation, Argumentation und Logik an erster Stelle dieser Einführung behandelt werden, denn auf diesen Stoff muss, wie bereits angemerkt, spätestens im zweiten und dritten Band zurückgegriffen werden.

Nur selten konnte ein Bezug der diskutierten Probleme auf einschlägige philosophische Texte und Autoren hergestellt werden. Damit soll keineswegs unterstellt werden, dass dieser Bezug nicht wichtig wäre – im Gegenteil, eine seriöse umfassende Einführung in die gegenwärtige theoretische Philosophie sollte zweifellos auf die wichtigsten und spannendsten Texte eingehen, von denen sie geprägt wurde. Aber eine solche Ausweitung hätte den Umfang dieses Grundkurses gesprengt. Es macht in der Tat auch Sinn, sich zuerst direkt mit aktuellen philosophischen Fragen auseinanderzusetzen, wie es die Heroen in der Geschichte der Philosophie getan haben. Unabhängig davon – zusätzlich oder auch als Voraussetzung – können dann die einschlägigen historischen Texte studiert werden, so dass die Leser zum Schluss den Bezug zwischen systematischer Philosophie und historischen Texten selbst herstellen können. Als Hilfestellung dafür werden am Ende der Übungen eines jeden Kapitels der Bände einige moderne Texte (Artikel oder Buchabschnitte) angegeben, in denen zu den entsprechenden Themen Bahnbrechendes geleistet wurde. Ich empfehle allen Lesern, diese Texte sorgfältig zu lesen und nach Möglichkeit in schriftlicher Form auf 3 bis 6 Seiten zu analysieren (eine entsprechende Musteranalyse eines dieser Texte wird zu Beginn der Übungsaufgaben angeboten). Die Texte wurden so ausgewählt, dass ihre Lektüre mit einigen der wichtigsten Autoren bekannt macht, die die heutige Philosophie geprägt haben. Es handelt sich (in der Reihenfolge ihres Auftauchens in den Übungen der ersten fünf Bände der Reihe) um Frege, Russell, Dummett, Tarski, Lorenzen, Ayer, Carnap, Gödel, Putnam, Quine, Kripke, C. Wright, Hempel, Salmon, v. Weizsäcker, Neander, Dupré, Kim, Dennett, Millikan, Searle, Fodor, Wittgenstein, Davidson, Th. Nagel, F. Jackson, Block, P. Strawson, Dretske, Brandom, A. Goldman, Gettier, McDowell, Popper, Th. Kuhn, Laudan, G. H. v. Wright, Axelrod, M. Weber, Tuomela, Horkheimer, Habermas und Geuss.

Zusätzlich enthält jeder der Bände ein Literaturverzeichnis, das jeweils in drei Teile gegliedert ist und damit unterschiedlichen Bedürfnissen der Leser entgegenzukommen versucht. Das Verzeichnis »Grundlegende Schriften« verweist auf weitere wichtige Originalarbeiten im Anschluss an die bahnbrechenden Schriften, die in den Übungen aufgeführt werden; das Verzeichnis »Einführende Literatur« verweist auf spezielle ausführlichere Einführungen zu den einzelnen Gebieten, die in den entsprechenden Kapiteln diskutiert werden; und das Verzeichnis »Weiterführende Literatur« verweist auf Artikel und Bücher, die auf hohem Niveau die Diskussion der angeschnittenen Themen fortsetzen und weiter entwickeln. Die Lektüre der grundlegenden und weiterführenden Literatur setzt mindestens Vorkenntnisse voraus, wie sie in diesem Grundkurs präsentiert und vermittelt werden.

Ein Werk, das auf schmalem Raum einen Überblick in dieser Spannweite versucht, muss letzten Endes eine

Kompromisslösung bleiben. Nichts kann hinreichend ausgeführt werden, vieles muss ausgelassen oder vereinfacht werden. Ein besonders schmerzliches Defizit ist der – aus Platzgründen erforderliche – Verzicht auf eine ausführliche Darstellung der Argumente für und gegen die eingeführten Positionen. Dadurch kann gerade für Studienanfänger das Verständnis zuweilen erschwert werden, und intellektuelle Frustrationen in Bezug auf viele unbeantwortete Fragen sind nahezu unvermeidlich. Ich bin jedoch im Laufe meiner Unterrichtstätigkeit zu der Überzeugung gekommen und darin auch von vielen Studierenden bestärkt worden, dass unter den heutigen Studienbedingungen die Vorzüge eines solchen Überblicks seine Nachteile übertrumpfen. Einer dieser Vorzüge besteht darin, dass diejenigen Leser, die ernsthaft in das Studium der Philosophie einsteigen wollen, anhand dieses Überblicks recht schnell entscheiden können, ob sie philosophische Probleme überhaupt interessant finden, ob sie tatsächlich Lust dazu haben, Philosophie zu betreiben – und welche Fragen und Problemstellungen sie besonders spannend finden und weiterverfolgen möchten. Die aufgezählten Nachteile könnten dadurch abgemildert werden, dass sich die Leser dieses Grundkurses in gemeinsamen Diskussionen – sei es im akademischen Unterricht, sei es im privaten Kreis – kritisch mit der Präsentation des Stoffes auseinandersetzen.

Status der Darstellung

Die Präsentation des Stoffes auf den folgenden Seiten könnte den Eindruck erwecken, dass es sich um empirisch immunisierte begriffliche Vorschläge der gegenwärtigen theoretischen Philosophie handelt – im Sinne der alten analytischen Philosophie, die sich im Wesentlichen um begriffliche Analysen (= Klärungen von Wortbedeutungen) bemühte und insofern nicht die empirisch zugängliche Welt, sondern die Art untersuchen wollte, wie wir über die Welt reden. Dies wäre ein gründliches Missverständnis:

Zum einen sind nämlich die meisten Positionen und Begriffsbestimmungen, die auf den folgenden Seiten skizziert werden, in der heutigen Philosophie keineswegs unumstritten. Außerdem skizzieren die Explikationen auch nicht immer die Auffassungen des Verfassers des Grundkurses, sondern vielmehr Auffassungen, die weit verbreitet und einflussreich sind und daher oft als Ausgangspunkt für weitere kritische Überlegungen dienen. Die Explikationen und Positionen, die in diesen Bänden dargestellt werden, repräsentieren also einen minimalen Standard, von dem man heute ausgehen muss, um überhaupt verstehen zu können, wie eine mögliche Kritik an eben diesen Explikationen und Positionen ausgerichtet ist und welche Verfeinerungen und Verbesserungen vorgeschlagen worden sind. Man sollte, mit anderen Worten, die in diesem Buch erläuterten Standardbegriffe und Standardpositionen kennen, um die laufenden Debatten zur gegenwärtigen theoretischen Philosophie verstehen und besser würdigen zu können. Aus eben diesem Grunde beansprucht dieses Buch auch nicht mehr, als eine Skizze der Grundlagen moderner Philosophie zu liefern.

Zum anderen handelt es sich im Folgenden nicht um rein begriffliche Vorschläge im Sinne der alten analytischen Philosophie, sondern um Vorschläge, die mit dem Anspruch auf Weltwissen verbunden sind. Aktuelle semantische Theorien (also Theorien der Bedeutung sprachlicher Zeichen) beanspruchen z. B. für sich, wichtige Aspekte linguistischer Phänomene, die uns in unserer Welt begegnen, angemessen zu beschreiben und zu erklären. Wenn – um einige weitere Beispiele zu erwähnen – die Sozialontologie erklärt, was wir unter gemeinsamem Handeln verstehen sollten, dann beansprucht sie, ein wichtiges Phänomen der sozialen Realität auf korrekte Weise zu beschreiben. Die Philosophie des Geistes glaubt, das reale mentale Phänomen der Repräsentation weitaus angemessener und raffinierter analysieren zu können als Psychologie und Neurobiologie. Sie beansprucht auf dieser Grundlage, z. B. den Status der Geisteswissenschaften viel besser als die ältere Hermeneutik bestimmen zu können. Und wenn zu Beginn dieses Kurses in Band 1 eine elementare philosophische Prädikationstheorie eingeführt wird, so sieht sie sich mit dem Anspruch konfrontiert, die entsprechenden sprachlichen Phänomene angemessener als beispielsweise die verbreiteten Schulgrammatiken zu erfassen. Grundsätzlich gesehen hält die postanalytische Philosophie der analytischen Philosophie entgegen, dass die Art und Weise, wie wir über die Welt reden, schließlich auch zu den realen Phänomenen unserer Welt gehört. Tatsächlich behauptet eine der weitreichendsten Thesen der gegenwärtigen theoretischen Philosophie, dass sich das Reich der äußeren, externen Welt vom Reich der Bedeutungen und des Geistes nicht mehr klar trennen lässt.

Die Kehrseite des philosophischen Anspruchs auf Weltwissen besteht freilich darin, dass sich auch philosophische Theorien an der Wirklichkeit bewähren müssen. Auch philosophische Theorien sind fallibel, d. h., sie müssen sich gegebenenfalls durch empirische Evidenz widerlegen oder von anderen empirischen Wissenschaften belehren lassen, ähnlich wie das für Theorien in den übrigen Wissenschaften auch gilt. Dies trifft auch auf das moderne Weltbild zu, das sich mit der postanalytischen Philosophie abzuzeichnen scheint. Neurobiologen, Psychologen, Literaturwissenschaftler oder Physiker fordern von der Philosophie mit Recht, dass sie die Resultate der Forschungen aus diesen anderen Disziplinen berücksichtigt, soweit dies möglich ist. Allerdings darf auch umgekehrt die Philosophie erwarten, dass sich andere Wissenschaften in Fragen gemeinsamen Interesses auf die erfolgversprechendsten gegenwärtigen philosophischen Theorien einlassen. In diesem Sinne versteht sich dieser Grundkurs auch als ein Angebot an nicht-philosophische Wissenschaftler, sich bei Bedarf über Grundzüge der modernen Philosophie rasch zu orientieren.

Danksagung

Die Anlage der ersten fünf Bände verdankt sich langjährigen didaktischen Experimenten und Erfahrungen mit einem Grundkurs zur theoretischen Philosophie der Gegenwart, den ich wiederholt am Philosophischen Institut der Goethe-Universität Frankfurt am Main durchgeführt habe. Dieser Kurs fand stets in Form einer einsemestrigen vierstündigen Vorlesung mit zweistündigem Pflichttutorium, wochentlichen Übungsaufgaben und Abschlussklausur statt. Dabei wurde fast das gesamte Material präsentiert, das in den folgenden fünf Bänden dargestellt ist. Der Abschlusstest am Ende des fünften Bandes ist ein Beispiel für die Abschlussklausur des Kurses. Außerordentlich hilfreich für die endgültige Ausarbeitung waren die Evaluierungen der verschiedenen Varianten des Grundkurses. Ich möchte mich bei den Teilnehmern der bisher durchgeführten Kurse, die sich an diesen umfangreichen Evaluierungen (anonym) beteiligt haben, für ihr Engagement bedanken. Die Tutoren und Tutorinnen, die die Tutorien zum Grundkurs mehrmals engagiert betreut haben, konnten mir aufgrund ihrer intimen Kenntnis des Stoffes und der Diskussionen in den Tutorien viele wichtige Hinweise zur besseren Verständlichkeit des Textes und der Übungsaufgaben liefern.

Falk Bahrdt, Claudia Blöser, Andreas Falke, Julia Hartmann, Cyrill Miksch, Ulrich Missberger, Christian Reusch, Oliver Schütze und Jan-Erik Strasser sind den Text der ersten fünf Bände der kleinen Reihe mit großer

Sorgfalt durchgegangen und haben viele hilfreiche Verbesserungsvorschläge gemacht. Ulrich Missberger hat den Text mit zusätzlichen Erläuterungen und Beispielen versehen, um die Verwendung des Buches im Selbststudium zu erleichtern. Erna Mamane hat den Text nicht nur in eine präsentable Form gebracht, sondern auch genauestens korrigiert. Auch für diese Unterstützung möchte ich mich an dieser Stelle sehr herzlich bedanken.

Ein besonderer Dank gilt meiner Familie – vor allem meiner Frau Heike Bühn, die viele Passagen des Textes mit mir diskutiert und mit zahlreichen inhaltlichen und stilistischen Anregungen geholfen hat, aber auch meinen Töchtern Corinna und Veronika, die zuweilen bereitwillig an philosophischen Debatten teilgenommen und dabei die Nachvollziehbarkeit mancher Überlegungen des Textes geprüft haben.

1. Prädikations- und Argumentationstheorie

Die Idee der Prädikation

Sätze sind wichtige Einheiten unserer natürlichen Sprachen. Sätze sind Folgen von sprachlichen Zeichen – aber nicht alle Folgen sprachlicher Zeichen sind Sätze. Die Zeichenfolge »Veronika hat heute schon Cello geübt« ist ein Satz, die Folge »hat heute Cello« hingegen nicht. Sätze sind grammatisch abgeschlossen und tun etwas kund.

Sätze können wir auf verschiedenste Weise verwenden. Wir können mit Sätzen z. B. etwas feststellen. Wenn ich zu meiner Tochter sage: »Du hast heute noch nicht Cello geübt«, dann stelle ich damit zweifellos fest, dass meine Tochter heute noch nicht Cello geübt hat. Aber ich artikuliere zugleich auch in *expressiver Weise* meine Missbilligung darüber, dass sie heute noch nicht Cello geübt hat. Außerdem appelliere ich in *evokativer Weise* an sie, doch heute noch Cello zu üben. Feststellung (= Deskription), Expression und Appell sind drei der wichtigsten Verwendungen von Sätzen. Oft können wir alle drei Möglichkeiten zusammen mit einem einzigen Satz nutzen, aber in einigen Arten von Sätzen überwiegt auch jeweils eine dieser Verwendungen.

Beispielsweise ist der Satz

- »Argentinien ist ein wunderbares Land« primär expressiv,
- »Morgen geht die Sonne exakt um 6 Uhr auf« primär deskriptiv,
- »Bringe mir bitte morgen das Skript der Detel-Vorlesung mit« primär evokativ,
- »Du hast mir nie wirklich zur Seite gestanden« deskriptiv, evokativ und expressiv,
- »Goethe kannte Mozart« primär deskriptiv,
- »Schlage mich nicht« primär evokativ, aber vielleicht auch expressiv,

- »In Europa ist das Foltern verboten« primär deskriptiv, aber vielleicht auch evokativ,
- »Hast du gut geschlafen?« weder deskriptiv noch expressiv noch evokativ.

1.1 *Deskriptive, expressive und evokative Verwendung von Sätzen*

Sätze können unter anderem

(1) eine *deskriptive Verwendung* haben, d. h., sie dienen der Informationsübermittlung und der Feststellung von Fakten (zum Informationsbegriff 3.127–3.128),
(2) eine *expressive Verwendung* haben, d. h., sie dienen der Kundgabe der Gefühle (3.169–3.170) der Sprecher und Sprecherinnen, und
(3) eine *evokative Verwendung* haben, d. h., sie dienen dem Appell an die Adressaten der Äußerung.

Derartige Verwendungen nennt man auch *Sprechakte*: sie bezeichnen die Art und Weise, wie man Sätze gebraucht (also nicht, was man mit Sätzen sagt). Sätze, in denen die deskriptive Verwendung überwiegt, heißen *Aussagen*.

Ein bestimmter Sprechakt ist allerdings nicht an eine einzige grammatische Satzart (= Satzmodus) gebunden. »Darf ich Ihren Fahrschein sehen?«, ist grammatisch gesehen eine Frage, aber zugleich ein evokativer Sprechakt, denn der Gefragte wird zugleich aufgefordert, seinen Fahrschein vorzuzeigen.

Nach 1.1 ist der Ausdruck »Satz« allgemeiner als der Ausdruck »Aussage«. Oft werden beide Ausdrücke in der modernen Philosophie aber auch bedeutungsgleich (= synonym) verwendet, zum Beispiel in zusammengesetzten

Substantiven wie »Teilsatz« (= »Teilaussage«). Wir werden uns dieser Konvention anschließen – es sei denn, aus dem Kontext wird deutlich, dass es sich um nicht-deskriptive Sätze handelt, etwa im Ausdruck »normativer Satz«.

Auch die *Prädikation* ist ein Sprechakt – nämlich eine Feststellung, dass Gegenstände unter bestimmte Eigenschaften oder Beziehungen fallen, z. B. »Maria ist Philosophin« oder »Petra singt« oder »Fritz ist schlauer als Franz« (Sätze, die wir nicht direkt gebrauchen, sondern zitieren, damit wir über sie reden können, setzen wir in *Anführungszeichen*). Sätze wie (i) »Es regnet« oder (ii) »Festhalten!« oder (iii) »Wäre Hans doch ein besserer Klavierspieler« oder (iv) »Alle Massen ziehen einander an« sind dagegen keine Prädikationen. Satz (i) klassifiziert ein Ereignis, Satz (ii) ist ein Einwortsatz, der einen Befehl ausdrückt (archaische Sprachen enthielten möglicherweise sehr viele Sätze dieser beiden Satztypen); Satz (iii) ist keine Feststellung, und Satz (iv) benennt nicht lediglich einzelne Gegenstände, sondern sagt etwas über alle Gegenstände eines bestimmten Typs aus.

Eine Prädikation ist also eine sprachliche Handlung (5.230), mit deren Hilfe wir einzelne Gegenstände klassifizieren. Sie wird durch einen Satz ausgedrückt, in dem die deskriptive Verwendung überwiegt. Die elementare philosophische Prädikationstheorie arbeitet diese Idee der Prädikation weiter aus.

Elementare Prädikationstheorie

Prädikationen setzen sich aus zwei grundlegenden sprachlichen Akten zusammen: wir greifen erstens einen bestimmten einzelnen Gegenstand heraus, und wir klassifizieren zweitens diesen Gegenstand in Hinsicht auf eine bestimmte Eigenschaft. Mit der Prädikation »Maria ist eine Philosophin« beispielsweise greifen wir Maria als einzelnen Gegenstand (in diesem Falle genauer als einzelne Person) heraus und klassifizieren Maria in Hinsicht auf ihre Eigenschaft, Philosophin zu sein. Daher ist es für die Artikulation von Prädikationen vor allem wichtig, *zwei verschiedene Arten von Wörtern* zu unterscheiden: mit der einen Wortart greifen wir einzelne Gegenstände heraus, und mit der anderen Wortart klassifizieren wir die Gegenstände unter bestimmte Eigenschaften:

Mit *Eigennamen* wie »Maria«, »Kant«, oder »Goethe« greifen wir uns jeweils einzelne Gegenstände heraus. Meist gewährleistet der Gesprächskontext dabei einen eindeutigen Bezug. Typischerweise verwenden wir Eigennamen vor allem, um uns auf *einzelne menschliche Personen* zu beziehen. Wenn Max allerdings seinen Kater »Moritz« tauft, kann Max sich natürlich mit dem Eigennamen »Moritz« auch auf einen bestimmten einzelnen Kater beziehen; und wenn Maria ihren pfeilschnellen Maserati liebevoll »Marcello« tauft, kann sie sich mit »Marcello« sogar auf ein bestimmtes Auto beziehen. Wörter, mit denen wir uns auf jeweils einen Gegenstand beziehen, nennen wir *singuläre Begriffe* (= singuläre Terme) oder *Nominatoren.* Eigennamen sind also Nominatoren.

Mit Wörtern wie »Ulme«, »Kater«, »freundlich«, »intelligent«, »singen« oder »laufen« dagegen können wir einzelne Gegenstände klassifizieren; man könnte auch sagen, dass wir mit diesen Wörtern *allgemeine Aspekte* an einzelnen Gegenständen hervorheben und dass wir sie damit in eine Menge gleichartiger Gegenstände einordnen, z. B. Maria in die Menge der Philosophinnen. Wir nennen diese Wörter daher *generelle Begriffe* (= generelle Terme) oder *Prädikatoren.* Eigenschaftswörter und Verben sind also Prädikatoren.

1.2 *Singuläre Begriffe (Nominatoren) und generelle Begriffe (Prädikatoren)*

(1) *Singuläre Begriffe (Nominatoren)* beziehen sich auf jeweils genau einen Gegenstand, d. h. bezeichnen jeweils genau einen Gegenstand.
(2) *Generelle Begriffe (Prädikatoren)* beziehen sich auf Eigenschaften von Gegenständen oder auf Beziehungen zwischen Gegenständen.

(Dabei gilt als *Gegenstand* alles, wofür das Wort »etwas« gebraucht werden kann).

Aber wie steht es beispielsweise mit Ausdrücken wie »der Kanzler der Universität Frankfurt im Jahr 2006«, »mein Maserati«, »die Jupiter-Symphonie«, »das erste Fenster links von mir« oder »der Hellenismus«? Diese Ausdrücke sind keine Eigennamen, sondern bestehen aus mehreren Wörtern, von denen mindestens ein Wort ein Prädikator ist. Wir beziehen uns jedoch auch mit ihnen jeweils auf genau einen Gegenstand. Der Bezug auf einzelne Gegenstände wird in diesen Phrasen z. B. durch Demonstrativpronomen, durch demonstrativ verwendete Artikel oder durch Possessivpronomen hergestellt. Diese Art von Nominatoren, die unter anderem auch Prädikatoren enthalten, nennt man *Kennzeichnungen*. Situationsgebundene Ausdrücke wie »der da« oder »jenes Ding dort«, also im Wesentlichen Demonstrativpronomen (= Deiktika), sind ebenfalls Nominatoren. Sie werden meist *Indikatoren* genannt.

Was hat es schließlich mit Ausdrücken wie »etwas lesen«, »kleiner sein als«, »jemanden überzeugen« oder »liegen zwischen« auf sich? Auch mit Hilfe dieser Ausdrücke können wir einzelne Gegenstände klassifizieren, allerdings in komplexerer Weise: Es handelt sich offensichtlich um Ausdrücke für *Beziehungen* zwischen jeweils zwei oder mehr Gegenständen oder Personen: Im Satz »Fritz ist kleiner als Maria« klassifizieren wir, so könnte man sagen, das Personen*paar* (Fritz, Maria) unter die Beziehung »kleiner sein als«, oder im Satz »Maria kauft für Fritz das neueste Buch von Brandom« klassifizieren wir das *Tripel* von Gegenständen (Maria, Fritz, das neueste Buch von Brandom) unter die Beziehung »etwas für jemanden kaufen«. Auch diese Wörter sind also Prädikatoren; aber während Prädikatoren wie »intelligent sein« jeweils nur einen Gegenstand klassifizieren und daher *einstellig* heißen, klassifizieren Prädikatoren wie »intelligenter sein als« jeweils *mehrere* Gegenstände und heißen daher *mehrstellig* (zweistellig, dreistellig usw., je nachdem).

Aber Vorsicht! Wenn es um die Frage geht, *wievielstellig* ein Prädikator ist, hängt die Antwort oft davon ab, in welchem Kontext oder Satz der Prädikator gebraucht wird. In »Barbara kauft ein Buch« ist der Prädikator »kaufen« z. B. zweistellig, aber in »Barbara kauft ihrem Freund ein Buch« ist er dreistellig. Und wenn Peter beim Monopoly-Spiel auf der noch freien Schlossallee landet und schreit »Ich kaufe«, verwendet er der grammatischen Form nach »kaufen« einstellig, auch wenn er vielleicht damit meint »Ich kaufe die Schlossallee« und damit »kaufen« der Bedeutung nach zweistellig verwendet.

Natürlich gibt es auch jede Menge von Ausdrücken, die weder Nominatoren noch Prädikatoren sind, z. B. »ohje«, »obwohl«, »unter«, »oder«, »welche«, »nein« und »einige«.

1.3 *Arten von Nominatoren und Prädikatoren*

(1) Die *wichtigsten Arten von Nominatoren* sind Eigennamen, Kennzeichnungen und Demonstrativpronomina (Indikatoren).

(2) *Einstellige Prädikatoren* beziehen sich auf Eigenschaften einzelner Gegenstände.
(3) *n-stellige Prädikatoren (n ≦ 2)* beziehen sich auf Beziehungen zwischen zwei oder mehr einzelnen Gegenständen. Zweistellige Prädikatoren heißen auch *Relationen*.

In älteren philosophischen Texten wird an Stelle des Begriffs »Prädikator« der Begriff »Prädikat« und an Stelle von »Nominator« »Subjekt« verwendet. In diesem Falle dürfen die Begriffe »Prädikat« und »Subjekt« nicht mit den gleichlautenden grammatischen Kategorien verwechselt werden.

In der Grammatik sind *Substantive, Adjektive* und *Verben* die wichtigsten Wortarten. Diese grammatische Unterscheidung liegt offensichtlich quer zur prädikationstheoretischen Differenzierung zwischen Nominatoren und Prädikatoren. Einige Substantive (z. B. »Wasser«, »Ulme«, »Masse«), alle Adjektive und alle Verben sind Prädikatoren; aber auch Eigennamen sind Substantive. Die *grammatische* Unterscheidung zwischen Substantiven, Adjektiven und Verben wird also auf der elementarsten Stufe der Prädikationstheorie nicht vorgenommen. Die *prädikationstheoretische* Unterscheidung zwischen mehreren Arten von Nominatoren und zwischen ein- und mehrstelligen Prädikatoren findet demgegenüber in der Grammatik keine Entsprechung.

Die Unterscheidung zwischen Nominatoren und Prädikatoren ist linguistisch grundlegend und angemessen. Denn sie entspricht der Unterscheidung zweier elementarer sprachlicher Operationen: der Unterscheidung zwischen dem Herausgreifen von einzelnen Gegenständen und dem Herausgreifen von Eigenschaften oder Beziehungen von einzelnen Gegenständen. Demgegenüber ist die grammatische Unterscheidung zwischen Substantiven, Adjektiven und Verben auf den ersten Blick linguistisch weniger plausibel. Wir werden im Kapitel über Metaphysik weitere philosophische Rekonstruktionsarbeit leisten müssen, um die grammatischen Differenzierungen einsichtig machen zu können.

Die Unterscheidung zwischen Nominatoren und Prädikatoren erlaubt es nun, Prädikationen auf einfache Weise zu kennzeichnen:

1.4 *Prädikation*

(1) Eine *Prädikation* ist die sprachliche Handlung, einem einzelnen Gegenstand, einem Paar von einzelnen Gegenständen oder mehr als zwei einzelnen Gegenständen (allgemein: einem *n-Tupel* ($n > 1$) von einzelnen Gegenständen) einen Prädikator zuzusprechen oder abzusprechen. Dabei werden die einzelnen Gegenstände durch Nominatoren beschrieben.
(2) Ein *n-Tupel* (ein Paar, Tripel ...) ist eine geordnete Menge von Gegenständen, bei der es auf die Reihenfolge der Gegenstände ankommt. Man notiert n-Tupel häufig in spitzen Klammern, also in der Form »<x, y, z, ...>«.

Wir können auf dieser Grundlage die einfachsten Aussagen *(Elementaraussagen)* und ihre übliche Notation kennzeichnen:

1.5 *Elementaraussagen*

(1) Der sprachliche Ausdruck einer Prädikation heißt *Elementaraussage (= atomare Aussage).*
(2) Eine *zusprechende Elementaraussage* der Form »*P* kommt den Gegenständen $a_1, ..., a_n$ zu« bzw.

»Die Gegenstände $a_1, \dots, a_n$ sind *P*« notieren wir so: $P(a_1, \dots, a_n)$.

(3) Eine *absprechende Elementaraussage* (also die Verneinung einer zusprechenden Elementaraussage) der Form »*P* kommt den Gegenständen $a_1, \dots, a_n$ nicht zu« bzw. »Die Gegenstände $a_1, \dots, a_n$ sind nicht *P*« notieren wir so: *nicht*: $P(a_1, \dots, a_n)$.

(Dabei sind »a_1«, …, »a_n« (oder auch »a«, »b«, »c« …) Abkürzungen für bestimmte Nominatoren und »*P*« eine Abkürzung für einen bestimmten Prädikator.)

Einige Beispiele von zusprechenden und absprechenden Elementaraussagen samt ihrer Notationen:

(a) Zusprechende Elementaraussagen:
  (1) »Klaus ist groß« (Notation: P(a)),
  (2) »Klaus liebt Anna« (Notation: P(a, b)),
  (3) »Anna liebt Klaus« (Notation: P(b, a)),
  (4) »Klaus kauft Anna den billigsten Diamanten, den er finden konnte« (Notation: P(a, b, c)).

(b) Absprechende Elementaraussagen:
  (1) »Klaus ist nicht feige« (Notation: nicht: P(a)),
  (2) »Anna hasst Klaus nicht« (Notation: nicht: P(b, a)),
  (3) »Klaus schenkt Anna den Ring, den sie sich gewünscht hatte, nicht.« (Notation: nicht: P(a, b, c)).

Aber: »Klaus liebt Emma und Emma liebt Fritz« ist keine Elementaraussage (diese Aussage ist zusammengesetzt mit »und«). Ebenso wenig ist »Alle Frauen lieben Klaus« eine Elementaraussage (diese Aussage ist mit dem Wort »alle« quantifiziert (1.28)).

Eine Klassifikation unter Eigenschaften oder Beziehungen, die mit Prädikationen einhergeht, setzt voraus,

(a) dass es Gegenstände gibt, die unter bestimmte Eigenschaften oder Beziehungen fallen,
(b) dass es auch Gegenstände gibt, die nicht unter diese Eigenschaften oder Beziehungen fallen,
(c) dass es keine Gegenstände gibt, die unter diese Eigenschaften oder Beziehungen fallen und zugleich nicht unter diese Eigenschaften oder Beziehungen fallen.

Denn wenn diese drei Bedingungen nicht erfüllt sind, ist eine Prädikation witzlos. Bedingung (c) ist übrigens eine spezielle Fassung eines der elementarsten *logischen* Prinzipien, nämlich des *Satzes vom Widerspruch*, der es uns verbietet, eine Feststellung zugleich mit ihrer Verneinung zu behaupten, etwa »Maria ist Philosophin und Maria ist keine Philosophin«. Prädikationen setzen also den Satz vom Widerspruch (1.24 (2)) voraus.

Prädikationen sind, wie wir gesehen haben (1.4), *Feststellungen.* Andere Sprechakte, wie Ausrufe, Befehle oder Fragen, sind keine Prädikationen. Feststellungen sind typischerweise *Beschreibungen (= Deskriptionen)*, die wahr oder falsch sein können. Diesen Aspekt von Prädikationen müssen wir etwas genauer untersuchen. Der Begriff der Wahrheit und Falschheit ist jedoch eines jener großen Themen, die wir in diesem Grundkurs nur kurz streifen können.

Wahrheit, Referenz, Bedeutung

Wenn wir den deskriptiven Aspekt von Prädikationen genauer betrachten wollen, müssen wir einige terminologische Vorbereitungen treffen. Zunächst müssen wir einen gebräuchlichen und zugleich paradox anmutenden Begriff einführen – sowie eine wichtige Unterscheidung zweier Sprachebenen, die wir alle oft verwenden und die wir uns spätestens mit einer reflektierten Verwendung des Wahrheits- und Falschheitsbegriffes klar machen müssen.

Einige Sätze halten wir für wahr, andere für falsch. Das Wahre und das Falsche heißen *Wahrheitswerte* – Werte, mit denen wir einige Sätze qualifizieren können. Demnach ist auch das Falsche ein Wahrheitswert! Merkwürdig, aber so reden die Logiker heutzutage nun einmal. Sie sagen beispielsweise: Wenn die Sätze »p« und »q« den Wahrheitswert »wahr« haben, dann auch der Satz »p und q«; oder: wenn der Satz »p« den Wahrheitswert »wahr« hat, der Satz »q« aber den Wahrheitswert »falsch«, dann hat der Satz »p und q« den Wahrheitswert »falsch«.

Wenn jemand sagt: »Hamburg ist eine schöne Stadt«, dann wird der Nominator »Hamburg« auf diese schöne norddeutsche Stadt angewendet. Sagt dagegen jemand: »›Hamburg‹ hat zwei Silben«, so wird über das Wort »Hamburg« geredet – in einer *Metasprache*, in der »Hamburg« zitiert wird. Ganz ähnlich verhält es sich, wenn wir behaupten: »Der Satz ›Today it is rainy‹ ist wahr«, denn dann reden wir in der deutschen Metasprache über einen Satz der englischen Sprache, die in diesem Fall die *Objektsprache* des Deutschen ist.

Objekt- und Metasprache müssen sorgfältig voneinander unterschieden werden. Dennoch lässt sich eine Metasprache auch als ausdrucksstärkere Erweiterung ihrer zugehörigen Objektsprache auffassen. Prinzipiell kann man beliebig viele, immer ausdrucksmächtigere Hierarchien von Metasprachen bilden.

In Redewendungen wie »der Satz ›p und q‹« kann man die Buchstaben »p« und »q« so verstehen, dass man für sie beliebige Sätze einsetzen darf. Dann werden diese Buchstaben *Schemabuchstaben*, *Satzvariablen* oder *Aussagevariablen* genannt:

1.6 *Wahrheitswerte, Meta- und Objektsprache, Variablen, Schemabuchstaben*

(1) Das Wahre und das Falsche (bzw. Wahrheit und Falschheit, oder wahr und falsch, abgekürzt mit den Buchstaben »w« bzw. »f«) nennt man *Wahrheitswerte*.
(2) Wenn in einer Sprache M über Ausdrücke einer Sprache L geredet wird, heißt L die *Objektsprache* und M die *Metasprache*. In diesem Fall werden die Ausdrücke der Objektsprache, über die in M geredet wird, in M in Anführungsstriche gesetzt.
(3) Die Begriffe »wahr« und »falsch« werden gewöhnlich benutzt, um in einer Metasprache über Sätze einer Objektsprache zu reden. Die Begriffe »wahr« und »falsch« sind daher gewöhnlich metasprachliche Ausdrücke.
(4) *Variablen* sind sprachliche Zeichen (3.129), für die beliebige Ausdrücke einer bestimmten Art eingesetzt werden können. *Schemabuchstaben (= Satzvariablen, Aussagevariablen)* sind Buchstaben (»p«, »q«, »r«, ..., gegebenenfalls mit Index), die als Platzhalter verwendet werden, für die beliebige Sätze eingesetzt werden können (vgl. auch 1.25)

Nicht alle Sätze sind wahr oder falsch; nicht alle Sätze oder Äußerungen haben überhaupt einen Wahrheitswert. Wenn der Chef seine Sekretärin anbrüllt: »Holen Sie mir gefälligst sofort meinen Kaffee!«, dann ist das ein Befehl – der keinen Wahrheitswert hat. Oder wenn der Chef brüllt: »Wo bleibt, verdammt noch mal, mein Kaffee?«, dann ist das eine Frage – die ebenfalls keinen Wahrheitswert hat. Und wenn er brüllt: »Wie kann man nur einen so schlechten Kaffee machen?!«, handelt es sich um eine rhetorische Frage, die primär ein expressiver Ausruf ist (und nur rhetorisch eine Frage) – der wiederum keinen Wahrheitswert hat.

Sätze, die wahr oder falsch sein können, nennt man *wahrheitswertdefinit*. Feststellungen und insbesondere Prädikationen (1.4) sind gute Beispiele für wahrheitswertdefinite Sätze. Wie die soeben angeführten konkreten Beispiele zeigen, gibt es aber auch Sätze, die nicht wahrheitswertdefinit sind.

Der Begriff der Wahrheit (und entsprechend der Falschheit) wird allerdings in der Prädikationstheorie und Logik gewöhnlich als selbstverständlich vorausgesetzt. Genauer betrachtet erweist sich die Bestimmung des Wahrheitsbegriffes aber als schwierig, denn es gibt eine Reihe unterschiedlicher Intuitionen, die sich mit seiner Verwendung verbinden lassen:

(a) Es sind Zustände und Ereignisse einer unabhängig von uns gegebenen Realität, die unsere Sätze wahr oder falsch machen. Wahrheit von Sätzen scheint also in einer Art von Übereinstimmung mit dieser Realität zu bestehen.

(b) Es gibt keine wirklich von uns unabhängige Realität, weil wir mit unbewussten kognitiven Mechanismen, mit Wahrnehmungsqualitäten und unserer Sprache konstruktiv zu unserem Bild von der Realität beitragen. Wahrheit muss also in einer Übereinstimmung zwischen unseren Haltungen zur Welt bestehen, ist also von unseren Entscheidungsverfahren zur Überprüfung des Wahrheitswertes von Sätzen abhängig.

(c) Wahre Sätze widersprechen einander nicht, d. h., sie müssen auf widerspruchslose und damit kohärente Weise miteinander zusammenhängen.

(d) Die Satzformen »p« und »es ist wahr, dass p« unterscheiden sich inhaltlich nicht; der Wahrheitsprädikator kann also im Grunde gestrichen werden.

(e) Auch wenn sich die Satzformen »p« und »es ist wahr, dass p« inhaltlich nicht unterscheiden (vgl. (d)), spielt die Phrase »es ist wahr, dass p« die Rolle einer Bestärkung oder Unterstützung der vorangegangenen Behauptung des Satzes »p«.
(f) Auf lange Sicht führt es zu nützlichen Resultaten, wenn wahre (und nicht falsche) Sätze und Gedanken unser Verhalten bestimmen.

Die wichtigsten ausgearbeiteten philosophischen Wahrheitstheorien artikulieren genau diese Intuitionen in präziserer Form und schlagen dabei unterschiedliche Wahrheitsbegriffe vor:

1.7 *Allgemeine philosophische Vorschläge zur Explikation der Satzwahrheit*

(1) Satz »*p*« ist wahr genau dann, wenn »*p*« mit entsprechenden Fakten übereinstimmt *(Korrespondenztheorie).*
(2) Satz »*p*« ist wahr genau dann, wenn sich die Sachverständigen in freier Diskussion darauf einigen, »*p*« zu akzeptieren (*Konsenstheorie* oder *Verifikationstheorie*).
(3) Satz »*p*« ist wahr genau dann, wenn »*p*« vereinbar ist mit – oder sogar gefolgert werden kann aus – den bisher akzeptierten Sätzen *(Kohärenztheorie).*
(4) Satz »*p*« ist wahr genau dann, wenn *p* (*Eliminationstheorie* oder *Zitattilgungstheorie*).
(5) Die Behauptung »›*p*‹ ist wahr« ist gleichbedeutend mit der Behauptung »›*p*‹: dem stimme ich ausdrücklich zu« (*Performationstheorie* oder *anaphorische Theorie*).
(6) Satz »*p*« ist wahr für die Personen $P_1, \ldots, P_n$ ge-

nau dann, wenn die Anerkennung von »*p*« nützlich ist für die Realisierung von Zielen der $P_1, \ldots, P_n$ *(pragmatische Wahrheitstheorie).*

Diese Ideen von Satzwahrheit sind nicht nur voneinander verschieden, sie sind zum Teil auch von grundsätzlich verschiedener *Art.* Die Korrespondenztheorie ist eine klassische realistische Wahrheitsidee, denn sie beschreibt Beziehungen zwischen Sätzen und Tatsachen in der Welt und hat den Anspruch zu erklären, was Wahrheit ist. Eliminationstheorie und Performationstheorie sind »deflationäre« Vorstellungen, denn sie schlagen einen minimalen Wahrheitsbegriff vor, der die Wahrheit eines objektsprachlichen Satzes, *über* den gesprochen wird, mit der schlichten Behauptung desjenigen metasprachlichen Satzes verknüpft, *in* dem wir über den objektsprachlichen Satz reden (1.7 (4) und (5)). Deflationäre Wahrheitstheorien sind letztlich Theorien über die *Zuschreibung* von Wahrheit und halten jede Theorie, die anzugeben sucht, was Wahrheit ist, für überflüssig und von ihrem Ansatz her für aussichtslos. Die Konsenstheorie ist eine verifikationistische Theorie, denn sie möchte angeben, wie wir über die Wahrheit von Sätzen entscheiden (d. h., wie wir die Sätze »verifizieren« = als wahr erweisen). Kohärenztheorie und pragmatische Theorie sind internalistische Theorien, insofern sie Wahrheit an interne Vernetzungen zwischen gehaltvollen Ausdrücken und Absichten binden.

Die gegenwärtige Debatte wird in großen Teilen immer noch von dem grundlegenden Unterschied zwischen einem korrespondenztheoretischen und einem konsenstheoretischen Wahrheitsbegriff bestimmt.

Die Korrespondenztheorie (1.7 (1)) geht davon aus, dass jeder Satz, der eine Tatsache beschreiben soll, entweder wahr oder falsch sein muss, und zwar ganz unabhängig davon, ob wir über seinen Wahrheitswert entscheiden können oder nicht. Dabei kann Korrespondenz als Korrelation oder (in einem schärferen Sinne) als Kongruenz (= strukturelle Ähnlichkeit) verstanden werden. Das Problem ist allerdings, dass wir die Idee eines Vergleiches zwischen einem Satz und einer von ihm unabhängigen Realität nur schwer konkretisieren können. Denn wenn wir einen Teil der Realität ins Auge fassen wollen, um sie mit einem Satz zu vergleichen, sehen wir uns gezwungen, die Realität mit einem wahren Satz zu beschreiben – und unser Vergleich endet mit einem Vergleich zwischen Sätzen, zu deren Beschreibung wir fatalerweise den Wahrheitsprädikator schon benutzen müssen. Das sieht nicht gerade nach einer intelligenten Erläuterung der Wahrheit aus.

Die Konsenstheorie mobilisiert Beispiele wie den folgenden Satz: »In der Dezimalentwicklung von π taucht irgendwann die Zahlenfolge 0123456789 dreimal hintereinander auf.« Ist auch dieser Satz entweder wahr oder falsch, ganz unabhängig von uns und unseren (kognitiven) Aktivitäten? Das wäre nur dann der Fall, wenn die unendliche Dezimalentwicklung von π eine von uns unabhängige Realität wäre – aber genau diese Vorstellung ist der Konsenstheorie zufolge problematisch. Denn diese Vorstellung läuft auf den Gedanken hinaus, dass es aktual unendliche Mengen von Gegenständen geben kann, und das ist mehr als zweifelhaft. Die Dezimalentwicklung von π ist, so argumentieren die Konsenstheoretiker der Wahrheit, so weit gegeben, wie die besten Großrechner sie berechnen, und das wird angesichts der Unendlichkeit immer ein winziger Ausschnitt bleiben.

Wie steht es mit Sätzen wie »An dieser Stelle wird nie eine Stadt gebaut werden«? Die Konsenstheoretiker glauben, dass wir zur Überprüfung des Wahrheitswertes (1.6) dieser Behauptung unendlich viele Daten durchgehen müssten. Doch dazu sind wir nicht in der Lage. Also sind solche Sätze ebenfalls nicht wahrheitswertdefinit. Und wenn wir einigen Aussagen der Quantenmechanik (2.86–2.87) glauben dürfen, dann sind gewisse Quantenphänomene unabhängig von unseren Messaktivitäten nicht aktual gegeben. Daher haben Sätze, die diesen Quantenphänomenen Eigenschaften zusprechen, die ihnen unabhängig von unserer Aktivität zukommen, ebenfalls keinen Wahrheitswert. Ein weiterer interessanter Fall sind unerfüllte Dispositionssätze, in denen wir gewissen Personen eine Tendenz (= Disposition, vgl. 3.108 (1)) zuschreiben, unter bestimmten Bedingungen auf bestimmte Weise zu reagieren, auch wenn diese Bedingungen nie eingetreten sind. Eifersucht ist beispielsweise eine Disposition, unter bestimmten, uns allen schmerzlich vertrauten Bedingungen mit Vorwürfen, Wut, Verzweiflung oder Abgrenzung zu reagieren. Angenommen nun, Hans, der gerade gestorben ist, hatte in seinem Leben das Glück, den üblichen Bedingungen für Eifersucht niemals ausgesetzt gewesen zu sein. Die Korrespondenztheoretiker würden dann behaupten, dass der Satz »Hans war eifersüchtig« gleichwohl entweder wahr oder falsch ist. Die Konsenstheoretiker hingegen würden diese Behauptung vehement bestreiten. Sie würden geltend machen, dass wir keinen Begriff von der Wahrheit oder Falschheit dieses Satzes haben können, weil es keinerlei Belege für sein Zutreffen oder Nicht-Zutreffen gibt. Das Problem ist allerdings, dass die Konsenstheorie (ebenso wie die Kohärenztheorie und die pragmatische Theorie) in das Fahrwasser des Idealismus (2.64 (1)) zu geraten droht, der behauptet, die externe Realität sei vollständig von uns abhängig.

Der Disput zwischen der Korrespondenztheorie und der Konsenstheorie der Wahrheit ist also letztlich ein Disput um die Frage, wie uns die äußere, externe Realität gegeben ist. Das ist eine der tiefsten Fragen der Philosophie. Wenn die Konsenstheoretiker auch nur in Hinsicht auf einige Sätze recht hätten, d. h., wenn zumindest einige Sätze keinen Wahrheitswert hätten und weder wahr noch falsch wären, dann gälte offenbar nicht für jeden beschreibenden Satz, dass er wahr oder falsch ist. Damit wäre eines der grundlegenden logischen Prinzipien verletzt – nämlich der Satz vom ausgeschlossenen Dritten (lateinisch: *tertium non datur*) (1.24 (3)). Aus dieser Perspektive erhält übrigens auch die deflationäre Wahrheitstheorie einen attraktiven Pfiff, denn sie weist mit ihren scheinbar trivialen Wahrheitsformeln darauf hin, dass wir in unserem Zugriff auf die Welt nie unseren sprachlichen Rahmen verlassen können. Wir können, wie man häufig auch sagt, den Gottesstandpunkt nicht einnehmen, wir können nicht durch das Auge Gottes direkt auf die Realität schauen (dabei ist die Rede vom Gottesstandpunkt völlig neutral und unabhängig von persönlichen religiösen Überzeugungen; sie dient lediglich als sprachliche Kurzbenennung für eine idealisierte Erkenntnissituation).

Wenn wir uns über die Zweifel der Konsenstheoretiker der Wahrheit hinwegsetzen, können wir *Aussagen* (oder *Feststellungen, deskriptive Sätze*) und damit Prädikationen (1.4) auch mit Hilfe des Wahrheitsbegriffs bestimmen:

1.8 *Deskriptive Sätze (Aussagen)*

Deskriptive Sätze oder Aussagen sind Sätze,
(1) in denen die deskriptive Verwendung dominiert und
(2) die einen Wahrheitswert (1.6) haben.

In Prädikationen beschreibt das Wort »ist« bzw. »sind« den sprachlichen Akt, einen Prädikator einem Gegenstand zuzusprechen, der mit einem Nominator bezeichnet wird. Aber der Ausdruck »ist« (bzw. »sind«) ist mehrdeutig:

1.9 *Bedeutungen von »ist«*

Seien »a«, »b« Nominatoren, »P«, »Q« Prädikatoren, dann lässt sich der Ausdruck »ist« folgendermaßen differenzieren:
(1) in Sätzen der Form »a ist P« im Sinne von: »a ist Element der Menge P« *(prädikatives »ist«)*;
(2) in Sätzen der Form »a ist« im Sinne von: »a existiert« *(existentielles »ist«)*;
(3) in Sätzen der Form »a ist b« im Sinne von: »a ist identisch mit b« *(identifizierendes »ist«)*;
(4) in Sätzen der Form »das P ist ein Q« im Sinne von: »alle Gegenstände, die P sind, sind auch Q« (*»ist« im Sinne der Mengeninklusion,* d. h. des Teilmengenverhältnisses (1.40 (1) (a))).

Zum Beispiel ist das »ist« in »Sokrates ist betrunken« prädikativ, in »Zeus ist« existentiell, in »Sokrates ist der Lehrer Platons« identifizierend, in »Das Pferd ist ein edles Tier« eine Mengeninklusion, in »Die Jupiter-Symphonie ist Mozarts schönste Symphonie« identifizierend, in »Mozart ist ein begnadeter Komponist« prädikativ, in »Gott ist nicht« existentiell, in »Petra ist schlauer als Peter« prädikativ, in »Der Mensch ist ein erstaunliches Wesen« sowie in »Tapferkeit ist eine Tugend« eine Mengeninklusion. In Prädikationen kommt natürlich gerade das prädikative »ist« vor.

Die bisherigen Überlegungen geben zu einer weiteren grundlegenden Unterscheidung Anlass: Wir können uns mit Nominatoren, Prädikatoren und ganzen Aussagen auf Gegenstände in der Welt *beziehen*, wir können aber auch ihre *Bedeutung* angeben. Versuchen wir z. B. einen Ausdruck zu definieren, dann versuchen wir seine Bedeutung anzugeben. Bedeutungen scheinen also ein innersprachliches Phänomen zu sein. Wenn wir uns dagegen z. B. mit einem Akt des Bezeichnens mit Hilfe von sprachlichen Zeichen auf Gegenstände beziehen, scheinen wir über die Sprache hinaus auf die externe Welt zu blicken. Und es liegt nahe anzunehmen, dass wir zuerst die Bedeutung eines Ausdrucks kennen müssen, um ihn wahrheitsgemäß auf die Welt anzuwenden. Wenn wir z. B. die Bedeutung des Ausdrucks »London« nicht kennen, wissen wir nicht, worauf wir diesen Ausdruck anwenden sollen.

1.10 *Referenz und Bedeutung*

(1) In der klassischen Sprachphilosophie und Logik werden für wichtige sprachliche Ausdrücke ihr *Bezug (= Referenz, Extension)* und ihre *Bedeutung (= Sinn, Intension)* unterschieden.

(2) Insbesondere gilt dann:
  (a) Bei *Eigennamen* ist der *Bezug* der bezeichnete Gegenstand; die *Bedeutung* ist das, was die Kennzeichnungen des bezeichneten Gegenstands ausdrücken;
  (b) bei *Prädikatoren* ist der *Bezug* die Menge der Gegenstände, auf die sie zutreffen; die *Bedeutung* ist das, was die Definitionen oder die sprachlichen Erläuterungen der Prädikatoren ausdrücken (= *Begriff* im semantischen (= bedeutungstheoretischen) Sinne);
  (c) bei *Aussagen* ist der *Bezug* ihr Wahrheitswert (1.6); die *Bedeutung* ist das, was durch die Aussage selbst in einem Dass-Satz ausgedrückt wird *(= Proposition)*.

(3) Die Kenntnis der Bedeutungen hat kognitive Priorität gegenüber erfolgreicher Referenz *(semantische Prioritätsthese)*.

Beispielsweise ist die Extension von »Aristoteles« Aristoteles, und seine Intension ist das, was Kennzeichnungen wie »der berühmteste Schüler Platons«, »der philosophische Erzieher Alexanders des Großen«, »der Erfinder der Syllogistik« ausdrücken. Die Extension von »Mensch« dagegen ist die Menge aller Menschen. Seine Intension wird demgegenüber durch eine angemessene Definition angegeben, etwa »vernünftiges sprachbegabtes metarepräsentationales Säugetier« (die Extension des zweistelligen Prädikators »lieben« ist übrigens die Menge aller (geordneten) Paare a und b, derart, dass gilt: a liebt b (nicht etwa: die Menge aller Liebespaare!)). Die Extension des Satzes »Sokrates ist unbestechlich« schließlich ist das Wahre (denn Sokrates war in der Tat unbestechlich), während seine Intension die Proposition ist, dass Sokrates unbestechlich war (die Intension ist also das, was durch den Satz »dass Sokrates unbestechlich war« ausgedrückt wird). Die Bestimmung der Extension und Intension von Sätzen wirkt zweifellos auf den ersten Blick ein wenig künstlich, wird aber später einsichtiger werden, wenn wir philosophische Bedeutungstheorien besprechen (vgl. 3.133–3.137).

Die Intension kann man auch als den Informationswert (= Informationsgehalt (3.127–3.128), Äußerungsinhalt) eines Ausdrucks bezeichnen. Die Intension ist das, was man versteht, wenn man weiß, was ein Ausdruck in einer Sprache bedeutet. Insbesondere ist die Proposition der Informationswert eines behauptenden Satzes, der in einer beliebigen Sprache (prinzipiell auch in Zeichensprache oder Morsecode) ausgedrückt werden kann. Einzelsprachliche Sätze fungieren also als Ausdrucksmedium für Propositionen. Andererseits kann ein und dieselbe Proposition in beliebigen Einzelsprachen wiedergegeben werden: »Es schneit« »It snows« und »Il neige« bezeichnen dieselbe Proposition. Ebenso können verschiedene Sätze derselben Sprache dieselbe Proposition sprachlich artikulieren: »Der Hund beißt den Briefträger« und »Der Briefträger wird vom Hund gebissen« oder »Christine hat Fieber« und »Christine fiebert«. Eine Proposition ist demnach von besonderen sprachlichen Ausdrucksmitteln unabhängig.

Die Idee der Argumentation

Aussagen, also die sprachlichen Ausdrücke von Prädikationen (1.4), sind auch einfache Elemente von *Argumenten.* In Argumenten versuchen wir, eine These, eine Entscheidung oder eine Handlung (5.230–5.235) zu begründen. Eine zentrale ethische Idee ist die Forderung, möglichst viele unserer eigenen Thesen, Entscheidungen und Handlungen zu begründen und auch von unseren Mitmenschen Begründungen für deren Thesen, Entscheidungen und Handlungen einzufordern. Wir sollen in das Spiel des Gebens und Forderns von Gründen eintreten. Beispielsweise sollen wir nicht einfach je nach unseren unmittelbaren Präferenzen, Leidenschaften und Wünschen durch unser Leben trudeln, sondern uns Konzepte eines für uns guten Lebens machen, die wir vor uns selbst und vor anderen begründen können (5.261). Wenn wir uns fragen, welche Art von Person wir sein und welche Art von Leben wir führen wollen, dann muss die Antwort konsistent (= widerspruchsfrei) sein und argumentativ gut gestützt werden; denn sie sollte einer gründlichen Kritik standhalten können. *Das ist der sokratische Standpunkt.*

Wenn wir uns darauf einlassen zu versuchen, unsere eigenen Meinungen so gut wie möglich zu begründen und dies auch von unseren Gesprächspartnern erwarten, wenn wir also das Spiel des Gebens und Forderns von Gründen spielen, dann bewegen wir uns im *logischen Raum der Gründe* (3.136 (5), 3.163), nicht im Reich der Natur (als Reich der Naturgesetze, 2.70). Einer der umfassendsten und interessantesten Begriffe von *Bildung* (der an die Verwendung des altgriechischen Wortes *paideia* anknüpft) ist, dass Bildung darin besteht, aus einem Trudeln durch das Reich der Natur in den logischen Raum der Gründe einzutreten und uns auf diese Weise zu disziplinieren. Wir öffnen uns so einer konstruktiven Kritik und damit einer Verbesserung unserer Standpunkte.

Die *zentrale Idee der Argumentation* ist, dass wir eine gegebene Behauptung (die *Konklusion*) durch Angabe weiterer Behauptungen, der *Prämissen*, dadurch begründen, dass wir zeigen,

(a) dass die Prämissen wahr sind und
(b) dass wenn die Prämissen wahr sind, auch die Konklusion wahr ist oder wir doch zumindest gute Gründe dafür haben, die Konklusion für wahr zu halten.

Philosophische Argumentationstheorie und Logik arbeiten diese Idee aus, zunächst mit einer allgemeinen Bestimmung von Argumenten oder Schlüssen:

1.11 *Argumente (Schlüsse)*

Ein *Argument* (= ein *Schluss*) ist eine Begründung einer Aussage oder allgemeiner eines Satzes K (Konklusion) durch andere Aussagen oder Sätze $P_1, \ldots, P_n$ (Prämissen) (Notation: $P_1, \ldots, P_n \rightarrow K$). Jede Prämisse und die Konklusion bezeichnet man als *Teilaussage* oder *Teilsatz* des Arguments.

Zuweilen verwendet man im Deutschen für die Konklusion auch den Ausdruck »Schluss«. Zur Vermeidung von Verwechselungen wird hier im Grundkurs »Schluss« für das gesamte Schlussschema reserviert, das aus Prämissen und Konklusion besteht. Die Prämissen eines Argumentes werden meist durch »und« verbunden. Das Zeichen »⇒« (Folgerungspfeil) symbolisiert die Folgerung, steht also für die Satzverbindung »wenn – dann«.

Churchill soll einst gesagt haben: »Sei ein Optimist. Es nützt wenig, irgendetwas anderes zu sein.« Das ist ein kleines Argument: Der zweite Satz ist die Prämisse, der erste die Konklusion.

In einem Krimi könnten wir eine Überlegung des Detektivs lesen: »Mister Miller hielt einen Hund in seinem Pferdestall; dennoch hatte jemand ein Pferd aus dem Stall entwendet, und der Hund hatte nicht gebellt; offensichtlich war der Dieb dem Hund bekannt.« Auch das scheint ein Argument zu sein, aber was ist seine Konklusion, was sind seine Prämissen? Manchmal müssen wir zur Klärung dieser Frage ein wenig Rekonstruktionsarbeit leisten. Im Argument des Detektivs müssen wir zum Beispiel die Unterstellung ergänzen, dass Hunde Fremde anbellen. Und manchmal ist die Rekonstruktion des Argumentes nicht eindeutig. Im Argument des Detektivs könnten wir zum Beispiel den letzten Satz als Konklusion und entsprechend die anderen Sätze als Prämissen ansehen. Der Detektiv folgert, dass der Dieb dem Hund bekannt gewesen sein musste, denn der Dieb konnte das Pferd aus dem Stall entwenden, ohne dass der Wachhund im Stall anschlug, der sonst alle Fremden anbellt. Aber vielleicht will der Detektiv auch erklären und begründen, warum der Dieb das Pferd hatte stehlen können (Konklusion) – weil er nämlich dem Hund im Pferdestall bekannt war und der Hund aus diesem Grunde nicht anschlug, sondern freundlich mit dem Schwanz wedelte, als der Dieb sich in den Stall schlich und das Pferd leise hinausführte (Prämissen). Und vielleicht will der Detektiv mit seinem Argument sogar beides zugleich tun – er will vielleicht folgern, warum der Dieb dem Hund bekannt sein musste, und erklären, wie der Dieb das Pferd überhaupt hatte stehlen können, obwohl ein Wachhund im Stall lag. Das wäre dann eine recht raffinierte kleine Argumentation.

Natürlich muss es uns vor allem um die Frage gehen, was *gute* Argumente sind. Schließlich reicht es kaum aus, beispielsweise unser Lebensprojekt nur schlecht zu begründen. Aber was ist ein gutes Argument, im Gegensatz zu einem schlechten Argument? Und gibt es auch zwingende Argumente? Einer Antwort auf diese Fragen müssen wir uns in mehreren Schritten nähern, bis hin zur Darstellung der Logik, die in der Tat Argumente auszeichnet, die nicht nur gut, sondern auch zwingend sind.

Eine erste elementare Unterscheidung, die für die Konstruktion guter Argumente wichtig ist, betrifft die Art und Weise, wie Sachverhalte einander bedingen können (der Begriff des *Sachverhaltes* ist allgemeiner als der Begriff der *Tatsache*: Tatsachen sind bestehende Sachverhalte, also Sachverhalte, die in der Welt tatsächlich vorkommen; Sachverhalte, die keine Tatsachen sind, können z. B. Gegenstände von Halluzinationen (4.183 (3)–(4)), Fiktionen oder falschen Sätzen sein).

1.12 *Notwendige und hinreichende Bedingungen*

Seien p und q Sachverhalte;

(1) Wenn gilt (d. h., wenn wahr ist): wenn p, dann q; dann heißt p *hinreichende Bedingung* für q.
(2) Wenn gilt (d. h., wenn wahr ist): nur wenn p, dann q; dann heißt p *notwendige Bedingung* für q.
(3) Wenn p hinreichende und notwendige Bedingung für q ist, sagt man auch: es gilt p *genau dann, wenn* q (Abkürzung: p gdw q).

Im Fall begrifflicher Abhängigkeitsverhältnisse erlaubt die Kenntnis, dass p hinreichend für q ist, den Schluss, dass q notwendig für p ist, und umgekehrt.

Beispielsweise ist p *hinreichend* für q, und damit auch q *notwendig* für p, wenn gilt:

(i) p = Oskar ist ein Frosch, q = Oskar ist ein Tier;
(ii) p = Petra ist wütend, q = Petra ist erregt;
(iii) p = Zahl a ist größer als 10, q = Zahl a ist größer als 5;
(iv) p = diese Pflanze ist eine Ulme, q = diese Pflanze ist ein Baum.

Wenn dagegen gilt: p = a ist eine gerade Zahl, q = a ist eine durch zwei teilbare Zahl, dann ist sowohl der Satz »Wenn p, dann q« als auch der Satz »Wenn q, dann p« wahr, d.h., »p« ist wahr genau dann, wenn »q« wahr ist.

Bedingungsverhältnisse im Bereich der wahrnehmbaren (4.183) Tatsachen sind meist einseitig, und zwar in dem Sinne, dass daraus, dass p hinreichende Bedingung für q ist, *nicht* folgt, dass q notwendige Bedingung für p ist:

(v) p = Es herrscht extrem schlechtes Wetter; q = Die Wahlbeteiligung bei Kommunalwahlen ist niedrig.

Hier ist p hinreichende Bedingung für q, aber q ist nicht notwendige Bedingung für p, denn eine niedrige Wahlbeteiligung bei Kommunalwahlen ist sicher nicht eine notwendige Bedingung für schlechtes Wetter.

Dies gilt insbesondere, wenn p zeitlich früher liegt als q:

(vi) p = Barbara spielt Klavier; q = Peter gerät in Verzückung.

Vielleicht ist Barbaras Klavierspiel eine hinreichende Bedingung für Peters Verzückung; dennoch kann Peters Verzückung in keinem Fall eine notwendige Bedingung für Barbaras Klavierspiel sein, denn Peter gerät erst in Verzückung, nachdem Barbara Klavier gespielt hat.

Wenn wir Sachverhalte beschreiben und diese Beschreibungen begründen wollen, dann tun wir gut daran, die hinreichenden Bedingungen nicht mit den notwendigen Bedingungen zu verwechseln.

Außerdem ist ein Argument, das auf einen *Zirkel* oder einen *infiniten Regress* hinausläuft, sicherlich nicht besonders überzeugend (ein *Zirkel* im argumentativen Sinne liegt vor, wenn die Prämissen des Argumentes seine Konklusion begründen, die Konklusion aber ihrerseits mindestens eine der Prämissen begründet; und ein *infiniter Regress* liegt vor, wenn die Prämissen ihrerseits auf weitere Prämissen verweisen und dieser Prozess ins Unendliche verläuft).

Man könnte meinen, dass ein Argument nur dann gut ist, wenn seine Prämissen und daher auch seine Konklusion *wahr* sind. Die Wahrheit von Prämissen und Konklusion ist nach dieser Idee zumindest eine notwendige Bedingung (1.12) für eine gute Qualität von Argumenten. Aber ist diese Bedingung auch hinreichend? Angenommen, jemand argumentiert so: »Ich werde mich in meinem Leben politisch engagieren, denn viele große Philosophen waren gute Mathematiker«. Prämisse (der Denn-Satz) und Konklusion (der Ich-Satz) sind wahr, aber das Argument wirkt nicht besonders einleuchtend, weil die Konklusion nicht aus der Prämisse *folgt*. Die Wahrheit von Prämissen und Konklusion ist also nicht schon eine hinreichende Bedingung für die gute Qualität von Argumenten. Und ob sie zumindest eine notwendige Bedingung ist, müssen wir später noch genauer prüfen.

Formen von Argumenten

Diese Überlegung gibt Anlass für eine weitere wichtige Unterscheidung: wir können Argumente einerseits danach beurteilen, ob ihre Teilsätze wahr sind, und wir können sie andererseits danach beurteilen, ob die Wahrheit der Konklusion plausibler wird, falls die Prämissen wahr sind:

1.13 *Inhaltliche und formale Beurteilung eines Argumentes*

(1) Die *inhaltliche Beurteilung eines Arguments* ist die Beurteilung des Wahrheitswertes (1.6) einzelner Teilaussagen des Arguments. Die inhaltliche Beurteilung eines Arguments klärt, ob die Teilaussagen des Arguments wahr oder falsch sind.

(2) Die *formale Beurteilung eines Arguments* ist die Beurteilung der Plausibilität des Übergangs von den Prämissen zu der Konklusion des Arguments (unter der hypothetischen Annahme, die Prämissen seien wahr). Die formale Beurteilung eines Arguments klärt, ob, *falls* alle Prämissen wahr sind, auch die Konklusion zwingend oder mit hoher Wahrscheinlichkeit wahr sein muss, d. h., ob das Argument *schlüssig* ist.

Nach 1.13 (2) kann ein Argument auch dann schlüssig sein, wenn seine Prämissen faktisch falsch sind! Es muss nur gelten, dass wenn die Prämissen wahr *wären*, auch die Konklusion zumindest mit hoher Wahrscheinlichkeit wahr sein müsste.

Welche der folgenden Beurteilungen von Argumenten sind inhaltlich, welche formal? Nehmen wir beispielsweise dieses Argument:

Da Menschen vernünftige Lebewesen sind, wie Aristoteles sagt, sind Geisteskranke keine Menschen.

Und betrachten wir folgende Beurteilungen dieses Argumentes:

(i) Es ist ein starkes Stück zu behaupten, Geisteskranke seien keine Menschen. (Inhaltliche Beurteilung: Wahrheit der Konklusion bestritten)

(ii) Aristoteles hat überhaupt nicht gesagt, dass alle Menschen vernünftig sind. (Inhaltliche Beurteilung: Wahrheit der gesamten Prämisse bestritten)
(iii) Sogenannte Geisteskranke haben ihre eigene Vernunft. (Formale Beurteilung: bestritten, dass die Konklusion folgt, selbst wenn die Prämisse wahr ist)
(iv) Nicht alle Menschen sind vernünftig. (Inhaltliche Beurteilung: Wahrheit der Aussage des Aristoteles in der Prämisse bestritten)

Hier folgen einige weitere Beispiele von Argumenten und möglichen Beurteilungen:
Argument:
Es gibt keine Menschen, die 100 Jahre alt geworden sind. Vermutlich ist daher auch Russell nicht so alt geworden.

Beurteilungen:
(i) Das ist überzeugend, denn Russell ist tatsächlich mit 98 Jahren gestorben. (Inhaltliche Beurteilung: zur Konklusion)
(ii) Russell könnte aber eine der wenigen Ausnahmen gewesen sein. (Formale Beurteilung)
(iii) Aber ich habe gelesen, dass ca. 5 % aller Menschen über 100 Jahre alt werden. (Inhaltliche Beurteilung: zur Prämisse)

Argument:
Hans lügt bestimmt, denn gestern hat er auch gelogen!

Beurteilungen:
(i) Wie kann man so etwas sagen, nur weil Hans ein mal gelogen hat! (Formale Beurteilung)
(ii) Wann hat Hans denn gestern gelogen? (Inhaltliche Beurteilung: zur Prämisse)
(iii) Hast du denn nicht gemerkt, dass Hans gestern zu einer Notlüge gegriffen hat und heute frei und zwanglos reden kann? (Formale Beurteilung)

(iv) Ich weiß, dass er heute die Wahrheit sagt, denn ich war dabei, als er gesprochen hat. (Inhaltliche Beurteilung: zur Konklusion)

Argument:
Es ist verwerflich, mit massiven nuklearen Vergeltungsschlägen zu drohen, denn massive nukleare Vergeltungsschläge sind stets verwerflich.

Beurteilungen:
(i) Aber zur Selbstverteidigung ist es durchaus berechtigt, massive nukleare Schläge auszuführen. (Formale Beurteilung)
(ii) Drohungen sind nicht notwendigerweise verwerflich, denn sie können ja auch gute Folgen haben. (Inhaltliche Beurteilung: zur Konklusion)
(iii) Das kann man nur behaupten, wenn es stets verwerflich ist, mit Verwerflichem zu drohen; aber das dürfte doch ziemlich zweifelhaft sein. (Formale Beurteilung)
(iv) Wenn es sich um etwas so außerordentlich Verwerfliches und Kriminelles handelt wie massive nukleare Schläge, dann darf man allerdings auch nicht damit drohen. (Formale Beurteilung)
(v) Die Drohung mit massiven nuklearen Schlägen ist nichts anderes als eine kollektive Geiselnahme, und das ist in der Tat verwerflich. (Inhaltliche Beurteilung: zur Konklusion)
(vi) Die Drohung mit massiven nuklearen Schlägen könnte ein Bluff sein; und daher könnte eine Drohung, die man nicht wahr machen will, doch berechtigt sein, selbst wenn das Angedrohte verwerflich ist. (Formale Beurteilung)
(vii) Tatsächlich muss man Handlungen und Absichten moralisch gleichwertig behandeln, und Drohungen, jedenfalls dann, wenn sie keine Bluffs

sind, sind mit deutlichen Absichten verbunden. (Formale Beurteilung)

(viii) Eine Drohung mit nuklearen Vergeltungsschlägen ist nicht in jedem Fall etwas Verwerfliches, zum Beispiel dann nicht, wenn sie von einer Fortsetzung oder Eskalation des Atomkrieges abschreckt. (Inhaltliche Beurteilung: zur Prämisse)

Ein Argument ist also nur dann gut, wenn es auch formal korrekt ist – d. h., wenn seine formale Beurteilung günstig ausfällt. Damit haben wir eine weitere notwendige Bedingung (1.12) für die gute Qualität eines Argumentes genannt. Und vielleicht ist diese Bedingung zusammen mit der oben genannten weiteren notwendigen Bedingung, dass nämlich die Teilaussagen des Argumentes wahr sein sollten, auch hinreichend für die gute Qualität eines Argumentes. Die Frage, was es *genauer* heißt, dass ein Argument formal korrekt ist, haben wir allerdings noch nicht wirklich geklärt. Dazu müssen wir genauer angeben, was *Formen von Argumenten* sein können. Die folgenden Erläuterungen listen einige verbreitete Formen von Argumenten auf.

Streng genommen müssten wir in diesen Erläuterungen die genannten Formen von Argumenten in Anführungszeichen setzen, denn wir reden dabei *über* diese Formen. Da jedoch im Rest dieses Bandes zahlreiche solcher Formen erwähnt, besprochen und definiert werden (vor allem in der formalen Logik), lassen wir der Einfachheit halber die Anführungszeichen weg, wo immer *Formen* von Argumenten zur Sprache kommen.

Eine der wichtigsten Formen von Argumenten ist der Schluss vom Besonderen auf das Allgemeine: »Die bisher untersuchten Fälle von Aids verliefen letztlich tödlich, also verlaufen alle Fälle von Aids tödlich.« Aus der Anführung (lateinisch *inductio*) endlich vieler ähnlicher Einzelbeispiele wird auf den allgemeinen Fall geschlossen. Das ist ein *induktives Argument*, das offensichtlich bereits unterstellt, dass unsere Umwelt eine gewisse Regularität aufweist. Diese Unterstellung mag in Einzelfällen problematisch sein, sie ist aber zweifellos tief in biologischen Mechanismen positiver und negativer Konditionierung verankert. Die induktiven Argumente weisen einige Unterformen auf:

1.14 *Induktive Argumente*

(1) Ein *induktives Argument* ist ein Argument, das aus einzelnen Beispielen derselben Art (die in den Prämissen des Arguments beschrieben werden) eine Verallgemeinerung folgert (die in der Konklusion des Arguments beschrieben wird). Die einfachste Form eines induktiven Argumentes ist (wobei a's irgendwelche Gegenstände aus einer Menge M, »P« und »Q« irgendwelche Prädikatoren sind):
$P(a_1), P(a_2), \ldots, P(a_n) \Rightarrow$ *alle Gegenstände sind P* (a_i aus M).

(2) Eine verbreitete, etwas kompliziertere Form eines induktiven Arguments lautet:
Wenn $P(a_1)$, *dann* $Q(a_1)$, *wenn* $P(a_2)$, *dann* $Q(a_2)$, …, *wenn* $P(a_n)$, *dann* $Q(a_n) \Rightarrow$ *alle Gegenstände, die P sind, sind auch Q.*

(3) Eine verallgemeinerte Form des induktiven Argumentes lautet:
Im Bereich 1 sind alle Gegenstände, die P sind, auch Q, und im Bereich 2 sind alle Gegenstände, die P sind, auch Q, …, und im Bereich N sind alle Gegenstände, die P sind, auch Q ⇒ alle Gegenstände, die P sind, sind auch Q.

Hier sind einige weitere Beispiele induktiver Argumente:

(i) In früherer Zeit wurden Frauen sehr jung verheiratet. Julia in Shakespeares *Romeo und Julia* war nicht einmal 14 Jahre alt; im Mittelalter war 13 Jahre das normale Alter für die Heirat jüdischer Mädchen; und im Römischen Reich wurden die meisten Mädchen mit 13 Jahren oder noch jünger verheiratet (Mischung von Formen (2) und (3)).

(ii) Die Rechte für Frauen wurden erst nach langen politischen Kämpfen errungen. Denn das Wahlrecht für Frauen wurde erst nach langem politischem Kampf erreicht (Kurzform von Form (3)).

(iii) In früherer Zeit wurden Frauen sehr jung verheiratet. Denn sowohl in der frühen römischen Republik als auch in der frühen römischen Kaiserzeit als auch in der späten römischen Kaiserzeit wurden Frauen mit etwa 13 verheiratet (Form (3)).

(iv) Führende deutsche Politiker wie Stoiber, Koch oder Schröder sind Machtmenschen. Tatsächlich sind alle führenden Politiker Machtmenschen (Form (2)).

(v) Viele Gegenstände in diesem Korb sind schwer, also sind alle Gegenstände in diesem Korb schwer (Form (1)).

Induktive Argumente empfinden wir als plausibel, aber nicht als zwingend. Es könnte sich beispielsweise herausstellen, dass alle führenden deutschen Politiker Machtmenschen sind, dass es aber durchaus auch führende Politiker gibt, die keine Machtmenschen sind. Dann wäre die Prämisse von Argument (iv) wahr, aber seine Konklusion falsch. Die Form des induktiven Argumentes – so könnten wir sagen – ist nicht von der Art, dass die Wahrheit der Prämissen bereits die Wahrheit der Konklusion garantiert. Andererseits scheint man durch ein induktives Argument aber etwas Neues zu lernen. Induktive Argumente mit wahrer Konklusion sind erkenntniserweiternd. Das ist interessanterweise bei einigen anderen Formen von Argumenten anders.

Betrachten wir folgende Beispiele:

(i) Wenn du weiter so schnell fährst, möchte ich aussteigen! (Nach einiger Zeit ...) Ich will jetzt aussteigen – denn du fährst immer noch so schnell.

(i)* Wenn die Regierungspartei die nächsten Wahlen noch einmal gewinnt, dann wird sie alles besser machen; die Regierungspartei gewinnt die nächsten Wahlen noch einmal; daher wird sie alles besser machen.

(ii) Wenn die Philosophie-Ausbildung in Frankfurt gut gewesen ist, ist die Abbrecherquote niedrig; aber die Abbrecherquote ist nicht niedrig; also ist die Philosophie-Ausbildung in Frankfurt nicht gut gewesen.

(ii)* Wenn die Regierung klug ist, zieht sie die Reformen durch; aber die Regierung zieht die Reformen nicht durch; also ist die Regierung nicht klug.

(iii) Wenn Marie und Sumpfmarie exakt dieselben Gehirnzustände haben, dann haben sie auch dieselben Gedanken, denn zwei Wesen mit exakt denselben Gehirnzuständen haben stets auch dieselben Gedanken.

(iii)* Alle echten Frauen sind empfindsamer als echte Männer; wenn daher Maria eine echte Frau und Fritz ein echter Mann ist, dann ist Maria empfindsamer als Fritz.

Angesichts dieser Argumente stellt sich gewöhnlich das Gefühl ein, dass wenn die Prämissen wahr sind, die Konklusion wahr sein *muss*. Dieses Gefühl verdient registriert zu werden. Zugleich scheint klar zu sein, dass die Satzpaare (i) und (i)*, (ii) und (ii)* sowie (iii) und (iii)* dieselbe *Form* (denselben allgemeinen Satzaufbau) haben. Diese *Formen* der Argumente (i)–(iii) bzw. (i)*–(iii)* können wir leicht auseinanderhalten:

1.15 *Modus ponens, Modus tollens, Allspezialisierung*

(1) Der *Modus ponens* ist ein Argument der Form:
p; wenn p, dann q ⇒ q.
(2) Der *Modus tollens* ist ein Argument der Form:
Wenn p, dann q; nicht q ⇒ nicht p.
(3) Die *Allspezialisierung* ist ein Argument der Form:
Alle Gegenstände, die P sind, sind auch Q ⇒ wenn P(a), dann Q(a) (wobei *a* ein einzelner Gegenstand ist).

In diesen und den folgenden Erläuterungen verwenden wir *kleine* Buchstaben »p«, »q«, »r«, ... als Schemabuchstaben (d. h. als Aussagevariablen, 1.6 (4)). Wir können also für diese Buchstaben *beliebige* konkrete Aussagen einsetzen. Allerdings müssen wir im Rahmen einer bestimmten Einsetzung immer dieselbe konkrete Aussage für dieselbe Variable einsetzen (im Modus ponens z. B. muss für *alle* Vorkommnisse von »p« in einer gewählten Einsetzung immer dieselbe Aussage eingesetzt werden). Die *großen* Buchstaben »P«, »Q«, »R«, ... verwenden wir weiterhin für irgendwelche Prädikatoren.

Es gibt eine Reihe weiterer Formen von Argumenten, von denen einige ebenfalls zwingend anmuten; beispielsweise die folgenden:

1.16 *Indirekter Beweis, Bestätigung, Widerlegung*

(1) Ein *indirekter Beweis von p* hat folgende Form:
Wenn nicht p, dann q; q ist nachweislich falsch ⇒ p.
(2) Eine *Bestätigung von p* hat folgende Form:
Wenn p, dann q; q ⇒ p.

(3) Eine *Widerlegung von p* hat folgende Form:
Wenn p, dann q; nicht q ⇒ nicht p.

Hier sind einige Beispiele zu 1.16:

(1) Gott existiert. Denn wenn Gott nicht existierte, dann enthielte das Universum nur Chaos. Aber das Universum enthält nicht nur Chaos, sondern auch hohe Komplexität. Also existiert Gott (indirekter Beweis).

(2) 43 ist eine Primzahl. Denn wäre 43 keine Primzahl, dann gäbe es Teiler von 43 ungleich 1 und 43. Aber es gibt keine Teiler von 43 ungleich 1 und 43. Also ist 43 eine Primzahl (ebenfalls indirekter Beweis).

(3) Immer wenn die Börsenkurse abstürzen, geraten die Broker in Panik. Heute sind die Broker in Panik geraten. Also sind vermutlich die Börsenkurse abgestürzt (Bestätigung).

(4) Wenn Peter ein echter Alkoholiker ist, kann er sich nur schwer von seiner Sucht befreien. Tatsächlich fällt es ihm sehr schwer, sich von seiner Sucht zu befreien. Also ist er wohl ein echter Alkoholiker (ebenfalls Bestätigung).

(5) Peter ist kein echter Alkoholiker. Denn echte Alkoholiker können sich nur sehr schwer von ihrer Sucht befreien, und Peter hat sich mühelos das Trinken abgewöhnt (Widerlegung).

Indirekte Beweise und Widerlegungen wirken zwingend, während Bestätigungen weniger zwingend zu sein scheinen. Letzteres gilt auch für einige weitere Formen von Argumenten, die unter anderem auch in der Philosophie recht weit verbreitet sind.

Was sollen wir etwa von folgenden Argumenten halten?

(i) Paul muss gegen Petra intrigiert haben, denn sonst hätte sie sich wohl kaum von ihm distanziert.

(ii) Die Naturwissenschaften beziehen sich mit ihren Theorien auf die objektive Welt; andernfalls wären sie nicht so überaus erfolgreich.

Hier sind die zweiten Sätze jeweils die Prämissen des Argumentes, und die Konklusionen (die ersten Sätze) bieten eine gute Erklärung für die Prämissen an – vielleicht sogar die beste verfügbare Erklärung. Der Bezug der Naturwissenschaften auf die objektive Welt erklärt z. B. am besten ihren Erfolg; aus diesem Grund können wir annehmen, dass sie sich tatsächlich auf die objektive Welt beziehen. Wir können also definieren:

1.17 *Argument der besten Erklärung*

Das *Argument der besten Erklärung* hat folgende Form:
p; die Annahme, dass q, erklärt p am besten ⇒ *q*.

Die bisher aufgelisteten Formen von Argumenten sind in vielen Wissenschaften üblich, aber einige Argumentformen lassen sich vor allem in philosophischen Texten ausmachen:

(i) Peter denkt: »Ich existiere nicht.«
(ii) Franz sagt: »Ich argumentiere niemals, denn wenn ich etwas behaupte, benutze ich niemals Prämissen und Konklusionen.«

Hier bekommen wir den deutlichen Eindruck, dass sich Peter und Franz selbst widerlegen. Genauer, das, was sie *tun*, widerlegt das, was sie *sagen* oder *denken*. Franz' Behauptung beispielsweise, er verwende niemals Argumente, hat die Form eines Argumentes:

1.18 *Performativer Selbstwiderspruch*

Eine *Widerlegung des Satzes »p« durch performativen Selbstwiderspruch* ist der Nachweis, dass der Vollzug der Äußerung oder des Denkens von »p« (der äußere oder innere Sprechakt) den Inhalt des Satzes »p« widerlegt.

Einige Philosophen, vor allem in der Nachfolge von Immanuel Kant, haben auf epistemologische (= erkenntnistheoretische) Voraussetzungen der kognitiven (= erkenntnisfähigen) Zugänglichkeit von bestimmten Tatsachen hingewiesen. So wurde etwa behauptet, dass uns die kausale (und damit notwendige) Verknüpfung von Ereignissen nur kognitiv zugänglich ist, wenn unser eigener Geist die Kette von Erscheinungen, die wir wahrnehmen, nach kausalen Kategorien ordnet:

1.19 *Transzendentales Argument*

Ein *transzendentales Argument* hat folgende Form: *Wenn uns die Tatsachen q kognitiv zugänglich sind, dann p; die Tatsachen q sind uns kognitiv zugänglich* $\Rightarrow$ *p*.

Formal gesehen hat also ein transzendentales Argument die Form eines Modus ponens, aber das volle Gewicht der transzendentalen Überlegung liegt auf den Prämissen des transzendentalen Argumentes. Das Argument heißt daher transzendental nicht seiner Form wegen, sondern wegen seiner Prämissen.

Soweit zu einigen mehr oder weniger verbreiteten Formen von Argumenten, von denen einige zwingend zu sein scheinen, während andere allenfalls plausibel wirken. Das

Argument der besten Erklärung beispielsweise ist recht plausibel, aber keinesfalls zwingend, während performative Selbstwidersprüche weitaus zwingender aussehen. Unser Kriterium für zwingende oder weniger zwingende, aber plausible Argumente beruht allerdings bisher nur auf einer psychologischen Tatsache, nämlich einem gewissen »Gefühl« für das Zwingende oder den Mangel an argumentativer Kraft. Es ist die *Logik*, die ein *objektives* Kriterium für zwingende Argumente liefert. Es wird sich herausstellen, dass uns unser argumentatives Gefühl in den einfacheren Fällen nicht täuscht: das psychologische Gefühl für die Qualität von einfachen (nicht zu langen) Argumenten ist recht zuverlässig.

2. Logik

Die Idee der Logik

Die *Logik* ist eine spezielle Theorie des Argumentierens. Sie will auf nachvollziehbare und nachprüfbare Weise zeigen, was *gute* und *zwingende* Argumente sind. In der Logik spricht man meist nicht von zwingenden Argumenten, sondern von *gültigen Schlüssen*, aber der Sache nach besteht zwischen diesen beiden Redeweisen kein Unterschied. Betrachten wir beispielsweise das Argument (den Schluss)

(i) Wenn gilt: (a) Wenn Maria eine begnadete Pianistin ist, dann ist sie musikalisch;
dann gilt auch: (b) Wenn Maria nicht musikalisch ist, dann ist sie auch keine begnadete Pianistin.

Dieser Schluss scheint gültig zu sein: Wenn die Teilaussage (a) wahr ist, dann *muss* auch die Teilaussage (b) wahr sein. Denn wäre Teilaussage (b) falsch, d. h. wäre Maria zwar nicht musikalisch, aber dennoch eine begnadete Pianistin, dann wäre ja offenbar Teilaussage (a) falsch.

Das ist bei dem folgenden – auf den ersten Blick recht ähnlichen – Schluss ganz anders:

(ii) Wenn gilt: (a)* Wenn Maria eine begnadete Pianistin ist, dann ist sie musikalisch;
dann gilt auch: (b)* Wenn Maria keine begnadete Pianistin ist, dann ist sie auch nicht musikalisch.

Im Schluss (ii) könnte die Teilaussage (a)* wahr und zugleich die Teilaussage (b)* falsch sein. Denn es könnte z. B. sein, dass Maria zwar keine begnadete Pianistin, aber dennoch musikalisch ist, beispielsweise wenn sie eine begnadete Cellistin ist; und *wenn* Teilaussage (a)* wahr ist, dann wird dadurch nicht ausgeschlossen, dass es *auch* wahr sein könnte, dass, wenn Maria eine begnadete Cellistin (und nicht eine begnadete Pianistin) ist, sie auch musikalisch ist, d. h., dass Teilaussage (b)* falsch ist. Aus der Wahrheit von Teilaussage (a)* folgt also mitnichten die Wahrheit der Teilaussage (b)*, d. h., der Schluss (ii) ist *nicht* gültig. Aber worauf gründet sich dieser Unterschied zwischen gültigen und nicht gültigen Schlüssen? Diese Frage will die Logik klären.

Oft wurde die Logik als Theorie der Gesetze des Denkens bezeichnet. Aber die Logik beschäftigt sich nicht mit dem Denken allgemein, sondern nur mit einer spezifischen Form des Denkens: mit dem *Schließen*. Und sie stellt auch nicht einfach fest, wie wir *faktisch* argumentieren oder schließen, sondern empfiehlt unter Angabe von Gründen, wie wir argumentieren oder schließen *sollten* (eben: welche Schlüsse *gültig* und damit *gut* sind). Die Logik ist also eine *normative Theorie gültiger Schlüsse*.

Die Strategie der Logik besteht darin, die Qualität von Schlüssen anhand ihrer *Formen* auszumachen (wir haben in Kapitel 1 schon einige Formen von Schlüssen (= Argumenten) kennengelernt, vgl. z. B. 1.14–1.17). Aus diesem Grund beschäftigt sich die Logik nicht primär mit konkreten Schlüssen, sondern mit *Formen* oder *Schemata* von Schlüssen, die – wie oben in Kapitel 1 bereits angedeutet – mit Hilfe von Variablen (1.6 (2)) für konkrete sprachliche Ausdrücke dargestellt werden: Logik ist daher *formal*, man spricht gewöhnlich von der *formalen Logik*. Wir werden in diesem Kapitel zunächst die allgemeine Idee der formalen Logik erläutern und dann die wichtigsten Elemente der beiden einfachsten Systeme der klassischen formalen Logik skizzieren – der *Aussagenlogik* und der *Prädikatenlogik*.

Analytische und logische Wahrheit

Wir können die Idee der Logik genauer formulieren, wenn wir mit Hilfe einer der grundlegendsten begrifflichen Unterscheidungen der theoretischen Philosophie eine Differenzierung wiederaufnehmen, die wir in 1.10 in anderer Form bereits kennen gelernt hatten: die Unterscheidung zwischen dem Reich der Fakten und dem Reich der Bedeutungen, also zwischen Extensionen und Intensionen:

1.20 *Synthetische und analytische Sätze*

(1) Ein *synthetischer* (oder *empirischer*) *Satz* ist ein Satz, dessen Wahrheitswert (1.6) durch Beobachtung (= fokussierte Wahrnehmung (4.183)) der Fakten in der Welt bestimmt werden kann.
(2) Ein *analytischer Satz* ist ein Satz, dessen Wahrheitswert allein durch die Bedeutung der in ihm vorkommenden Ausdrücke bestimmt ist.

Hier sind einige Beispiele zu dieser Begriffsbildung:

1. Fritz ist ein Tischlerlehrling (synthetisch).
2. 3,5 ist eine rationale Zahl (analytisch).
3. Drosseln sind Vögel (analytisch).
4. Drosseln sind keine Vögel (analytisch).
5. Heute regnet es (synthetisch).
6. Deutschland ist ein Königreich (synthetisch).
7. Kräfte sind proportional zu Beschleunigungen (zunächst synthetisch, später analytisch).
8. Geometrie ist eine Teildisziplin der Mathematik (analytisch).
9. 43 ist eine Primzahl; darum hat 43 keinen echten Teiler (analytisch).
10. Heringe sind Fische; darum können sie schwimmen und haben Kiemen (analytisch).

Die Unterscheidung zwischen synthetischen und analytischen Sätzen hat in der modernen Philosophie eine wichtige Rolle gespielt. Sie wurde nicht nur dazu benutzt, um die Sätze, die die Welt der physischen Fakten beschreiben, von den Sätzen zu unterscheiden, die die Welt der Bedeutungen (also eine Welt recht rätselhafter Wesen) beschreiben; vielmehr wurde diese Unterscheidung beispielsweise auch als Kriterium für sinnvolle Sätze und für eine Standortbestimmung der Philosophie verwendet: *Sinnvolle Sätze*, so wurde behauptet, sind entweder synthetisch oder analytisch, und daher sind Sätze, die weder synthetisch noch analytisch sind, wie etwa wertende Sätze, nicht sinnvoll. Und während die empirischen Wissenschaften sich mit den Fakten der Welt befassen und somit synthetische Sätze produzieren, ist es kennzeichnend für formale Wissenschaften wie Logik, Mathematik und Philosophie, sich mit den Bedeutungen von Sätzen und Wörtern zu befassen und insofern analytische Sätze zu produzieren. Dies ist im Kern die Idee der *analytischen Philosophie*.

Drei weitere Punkte sollten erwähnt werden:

(1) Es hängt offenbar nicht vom Wahrheitswert eines Satzes ab, ob er analytisch oder synthetisch ist (vgl. etwa Beispiele 3 und 4).

(2) Es gibt auch analytische Schlüsse (d. h. Sätze, die selbst ein kleines Argument darstellen), deren Überzeugungskraft auf den Bedeutungen einiger ihrer Ausdrücke beruht (Beispiele 9, 10).

(3) Die Unterscheidung zwischen analytischen und synthetischen Sätzen ist nicht immer eindeutig; insbesondere können Sätze, die zunächst synthetisch sind, durch Verbreitung und Überzeugungskraft in den Sprachgebrauch übergehen und den Status analytischer Sätze gewinnen (Beispiel 7).

Die Bestimmung analytischer Sätze lässt sich dazu benutzen, die Idee der Logik präziser zu fassen – und zwar in zwei Schritten: Zunächst werden *logisch wahre* Sätze als eine spezifische Teilklasse analytisch wahrer Sätze bestimmt, und dann wird mit Hilfe des Begriffs logisch wahrer Sätze definiert, was *logisch gültige* Schlüsse sind:

1.21 *Logische Wahrheit und logische Falschheit von Sätzen*

(1) Ein *logisch wahrer* bzw. *logisch falscher Satz* ist ein Satz, dessen Wahrheit bzw. Falschheit allein durch die Bedeutung der in ihm vorkommenden logischen Ausdrücke (wie z. B. der Ausdrücke »und«, »oder«, »nicht«, »wenn – dann«, »für alle Gegenstände gilt«, »für mindestens einen Gegenstand gilt«) bestimmt ist.
(2) Logische Wahrheit und logische Falschheit von Sätzen ist nach (1) unabhängig vom Wahrheitswert (1.6) ihrer Teilsätze und der Bedeutung ihrer nicht-logischen Ausdrücke. In diesem Sinne ist ein logisch wahrer bzw. logisch falscher Satz wahr bzw. falsch *aufgrund seiner logischen Form.*

Die Logik interessiert sich naturgemäß mehr für logisch wahre Sätze als für logisch falsche Sätze. Wir haben oben angedeutet, dass der Schluss

»Wenn gilt: Wenn Maria eine begnadete Pianistin ist, dann ist sie musikalisch; dann gilt auch: wenn Maria nicht musikalisch ist, ist sie auch keine begnadete Pianistin«

gültig zu sein scheint, also vielleicht *logisch* gültig ist.

Nach 1.21 wäre dies dann der Fall, wenn die logische Form dieses Schlusses (aufgefasst als komplexer Satz), also »Wenn gilt: Wenn p, dann q; dann gilt auch: Wenn nicht-q, dann nicht-p«

allein aufgrund der Bedeutungen der Ausdrücke »wenn – dann« und »nicht« wahr wäre. Dasselbe gilt z. B. auch für einige der Formen von Argumenten, die wir in Kapitel 1 besprochen haben, etwa (1.15) von den Argumentationsformen:

(a) *Modus ponens* (Wenn gilt: p; wenn p, dann q; dann gilt auch: q)
(b) *Modus tollens* (Wenn gilt: Wenn p, dann q; nicht-q; dann gilt auch: nicht-p)
(c) *Allspezialisierung* (Wenn gilt: Alle Gegenstände, die P sind, sind auch Q, dann gilt auch: Wenn P(a), dann Q(a) (wobei a ein einzelner Gegenstand ist)).

Mit Hilfe des Begriffes der logischen Wahrheit von Sätzen kann die logische Gültigkeit von Schlüssen leicht erklärt werden. Wir können nämlich Schlüsse jederzeit in Wenn-dann-Sätze verwandeln und umgekehrt. Denn ob wir den Schluss formulieren »Wenn gilt: $p_1, \ldots, p_n$, dann gilt auch: q« oder ob wir den Wenn-dann-Satz formulieren »Wenn p_1 und … und p_n, dann q«, macht keinen Unterschied:

1.22 *Logische Gültigkeit von Schlüssen, logische Implikation von Sätzen, und die Aufgabe der Logik*

(1) Der Schluss »$p_1, \ldots, p_n \vdash q$« ist logisch gültig genau dann, wenn der Satz »Wenn p_1 und p_2 und … und p_n, dann q« logisch wahr ist.
(2) Die Sätze »$p_1, \ldots, p_n$« *implizieren logisch* den Satz q genau dann, wenn der Schluss »$p_1, \ldots, p_n \vdash q$« logisch gültig ist; man sagt auch: Satz »q« *folgt logisch aus* den Sätzen »$p_1, \ldots, p_n$«, oder »$p_1, \ldots, p_n \vdash q$« ist eine (gültige) *Deduktion*.
(3) Die logische Gültigkeit von Schlüssen ist unabhängig vom Wahrheitswert ihrer Teilsätze und der Bedeutung ihrer nicht-logischen Ausdrücke.

(4) Es ist die *Aufgabe der Logik,* zu bestimmen, welche Aussagen bzw. Aussageformen logisch wahr sind und welche Schlüsse bzw. Schlussformen logisch gültig sind.

Das Symbol (= festgelegtes Zeichen) »⊢« verwenden wir von jetzt an, um die logische Gültigkeit von Schlüssen anzuzeigen. In 1.22 dürfen nicht sämtliche Variable $p_1, \ldots, p_n$, q die Form von Elementaraussagen (1.5) haben, denn andernfalls könnten wir Wahrheitswerte finden, die die genannten Sätze bzw. Schlüsse falsch machen, im Widerspruch zu 1.22 (3) – nämlich für den Fall $p_1 = w, \ldots, p_n = w, q = f$.

Mit 1.22 knüpft die formale Logik an die formale Beurteilung von Argumenten (1.13) an. Und Punkt (3) aus 1.22 drückt die *Formalität* der Logik aus (ebenso wie Punkt (2) aus 1.21). Schlüsse wie etwa

(*) (i) Käse besteht aus Metall; (ii) wenn Käse aus Metall besteht, heiße ich August; also (iii) ich heiße August (aussagenlogisch gültig)

(**) (i) Alle intelligenten Menschen sind unglücklich; (ii) alle Unglücklichen sterben an Krebs; also (iii) alle intelligenten Menschen sterben an Krebs (prädikatenlogisch gültig)

enthalten viele falsche Teilsätze: in (*) ist allenfalls (ii) wahr (und (iii) ist wahr nur für Menschen, die August heißen), in (**) sind alle drei Teilsätze falsch. Dennoch sind beide Schlüsse logisch gültig, denn logische Gültigkeit bedeutet: *Wenn* die Prämissen wahr sind (unabhängig davon, *ob* sie wahr sind), dann muss auch die Konklusion wahr sein (unabhängig davon, *ob* sie wahr ist). Logische Gültigkeit garantiert Wahrheitsübertragung von Prämissen auf die Konklusion – aber nur für den Fall, *dass* alle Prämissen wahr sind.

Die logischen Begriffe »logische Wahrheit«, »logische Gültigkeit« und »logische Folgerung« sind nach 1.22 *metasprachliche* Begriffe, denn mit ihnen reden wir stets *über* Sätze und Schlüsse. Es ist wichtig, logische Folgerungen von einfachen Wenn-dann-Sätzen zu unterscheiden. Eine logische Folgerung ist eine metasprachliche Behauptung, die *über* einen gewöhnlichen Wenn-dann-Satz einer Objektsprache (1.6 (2)) (nämlich den Satz »*Wenn* p_1 *und … und* p_n, *dann* q«) sagt, dass dieser Satz logisch wahr ist.

Mit Hilfe des Begriffs der logischen Gültigkeit von Schlüssen lässt sich eine grundlegende Unterscheidung zwischen drei verschiedenen allgemeinen Arten von Schlüssen (Argumenten) treffen, nämlich zwischen Beweisen, Bestätigungen und Widerlegungen (vgl. auch 1.16):

1.23 *Beweis, Bestätigung, Widerlegung*

Sei der Schluss »$p_1, \ldots, p_n \vdash q$« logisch gültig, dann gilt:

(1) Sind die Prämissen »p_i« als wahr bekannt, während der Wahrheitswert (1.6) der Konklusion unbekannt ist, so ist der Schluss ein *Beweis* der Konklusion »q«;
(2) Ist die Konklusion »q« als wahr bekannt, während der Wahrheitswert der Prämissen unbekannt ist, so ist der Schluss eine *Bestätigung* der Prämissen »p_i«;
(3) Ist die Konklusion »q« als falsch bekannt, während der Wahrheitswert der Prämissen unbekannt ist, so ist der Schluss eine *Widerlegung* der Gesamtheit der Prämissen »p_i« (d. h., dass mindestens eine der Prämissen falsch sein muss).

Diese Unterscheidung ist eine Grundlage für die Behauptung, dass es Beweise nur in der Logik und Mathematik gibt, während Naturwissenschaften, Geisteswissenschaften und Gesellschaftswissenschaften allenfalls auf Bestätigungen und Widerlegungen hoffen können (mehr dazu im Kapitel 13).

Grundlagen der klassischen Aussagenlogik und Prädikatenlogik

Wie zeichnen Aussagenlogik und Prädikatenlogik die logisch wahren Sätze und die logisch gültigen Schlüsse konkret aus? Diese Frage unterstellt, dass es nur eine Art von Aussagenlogik und nur eine Art von Prädikatenlogik gibt. Tatsächlich gibt es aber verschiedene Arten von formaler Logik, insbesondere auch verschiedene Arten von Aussagen- und Prädikatenlogik. Wir können uns in dieser Einführung nur mit der *klassischen* Form der Aussagen- und Prädikatenlogik beschäftigen, die von einigen der grundlegendsten logischen Prinzipien ausgeht:

1.24 *Prinzipien der klassischen Logik*

(1) Es gibt genau zwei Wahrheitswerte (1.6): »wahr« (w) und »falsch« (f).
(2) Jede Aussage hat höchstens einen Wahrheitswert, d. h., keine Aussage ist zugleich wahr und falsch *(Satz vom Widerspruch).*
(3) Jede Aussage hat mindestens einen Wahrheitswert, d. h., sie ist wahr oder falsch *(Satz vom ausgeschlossenen Dritten).*
(4) Der Satz vom Widerspruch und der Satz vom ausgeschlossenen Dritten besagen zusammen, dass jede Aussage genau einen der beiden Wahrheitswerte »wahr« bzw. »falsch« hat *(Bivalenzprinzip).*

Der Satz vom Widerspruch ist die elementarste Voraussetzung für jede gute Argumentation. Wir haben gesehen, dass er bereits in die Prädikation (1.4) eingebaut ist. Und die Logik kann leicht zeigen, dass aus einem logischen Widerspruch der Form »p und nicht-p« (wo »p« irgendeine beliebige Aussage ist) jede Aussage logisch ableitbar ist (vgl. dazu Kap. 3, Beispiel 2 zu Aristoteles, These (*)). Wer also einen Widerspruch behauptet, könnte *alles* begründen, doch das ist offensichtlich wenig vernünftig. Der Satz vom Widerspruch ist also schwer bestreitbar. Die *klassischen Logiken* sind also durch die Punkte (1) und (3) (und folglich auch durch Punkt (4)) in 1.24 gekennzeichnet. *Nicht-klassische Logiken* dagegen bestreiten (1) oder (3) oder beide Punkte zugleich. Vor allem der Satz vom ausgeschlossenen Dritten ist Gegenstand heftiger Debatten. Etliche Logiker und Philosophen bestreiten seine Gültigkeit. In dieser Debatte spielt der Wahrheitsbegriff eine wichtige Rolle. Wenn man z. B. die Konsenstheorie der Wahrheit bevorzugt (1.7 (2)), dann gilt der Satz vom ausgeschlossenen Dritten offensichtlich nicht für alle Sätze, denn es kann Sätze »p« geben, für die gilt, dass sich die Sachverständigen in freier Diskussion weder darauf einigen können, »p« zu akzeptieren, noch darauf, »nicht-p« zu akzeptieren.

Wir hatten schon bei der Beschreibung der allgemeinen Idee der Logik (S. 61) gesehen, dass die Logik eine *formale* Logik sein muss, d. h., dass sie mit Variablen für Aussagen, Nominatoren und Prädikatoren (1.2, 1.3) arbeitet. Diesen Aspekt der *Formalität* müssen wir genauer spezifizieren:

1.25 *Variablen in der Logik*

(1) *Gegenstandsvariablen (x, y, z, …)* sind Platzhalter (Leerstellen), in die beliebige Nominatoren

eingesetzt werden können. Ausdrücke, in denen Gegenstandsvariablen vorkommen, heißen *offene Sätze*. Ein n-stelliger Prädikator P lässt sich schreiben als *offener Satz* in der Form: $P(x_1, ..., x_n)$.

(2) *Prädikatorenvariablen (P, Q, R, ...)* sind Platzhalter (Leerstellen), in die beliebige Prädikatoren eingesetzt werden können. Ausdrücke, in denen Prädikatorenvariablen vorkommen, heißen *Prädikatorenschemata*.

(3) *Aussagenvariablen (p, q, r, ...)* sind Platzhalter (Leerstellen), in die beliebige Aussagen eingesetzt werden können. Ausdrücke, in denen Aussagenvariablen vorkommen, heißen *Aussageschemata* oder *Aussageformen*.

(4) Die Ausdrücke, die für bestimmte Variablen eingesetzt werden können, heißen auch die *Werte dieser Variablen*.

Einige Logiker unterscheiden zwischen Schemabuchstaben, die als bloße Platzhalter (Abkürzungen) für Ausdrücke und Sätze dienen, und so genannten echten Variablen im engeren Sinn, die durch einen Quantor (1.26 (2)) gebunden sind. Im Fall der Zuordnungen von Gegenständen zu den Zeichen muss für die Variablen nämlich ein Wertebereich angegeben werden.

Für die sprachlichen Ausdrücke, auf die es in der Logik ankommt (die logischen Zeichen oder logischen Konstanten), also für grammatische Konjunktionen wie »und« oder »wenn – dann« oder für Wörter wie »alle«, benutzt man in der Logik bestimmte Symbole als Abkürzungen:

1.26 *Symbolische Abkürzungen für Junktoren und Quantoren*

(1) *Junktoren*, die vor oder zwischen Aussagen oder Aussageformen stehen.
   (a) $\neg$: nicht *(Negation)*,
   (b) $\wedge$: und *(Konjunktion)*,
   (c) $\vee$: oder (auch) *(Disjunktion)*,
   (d) $\supset$: wenn – dann *((materiale) Implikation)*,
   (e) $\equiv$: genau dann – wenn *(Äquivalenz)*,
   (f) $>\!\!-\!\!<$: entweder – oder *(Kontravalenz)*.
   (Kommen in einer Aussage mehrere Junktoren vor, so werden die jeweils engeren Aussageverknüpfungen eingeklammert)
(2) *Quantoren*, die vor offenen Sätzen stehen; und zwar:
   (a) $\forall$x: für alle x gilt *(Allquantor)*,
   (b) $\exists$x: für mindestens ein x gilt *(Existenzquantor)*.
(3) Junktoren und Quantoren heißen auch *logische Konstanten*.

Wenn »p« und »q« Aussagevariablen (1.25 (3)) sind, dann heißen z. B.

$p \wedge q$: p und q;
$p \supset \neg q$: wenn p, dann nicht-q;
$(p \equiv q) \supset (p \vee q)$: wenn gilt: p genau dann, wenn q, dann gilt: p oder q.

Allgemeine Übersetzungsregeln für nicht-komplexe Formeln mit »P« und »Q« als Prädikatorenvariablen und »x« als Gegenstandsvariable lauten:

(i) $\forall x\, P(x)$: Für jedes x gilt: x ist P (alle x sind P)
(ii) $\exists x\, P(x)$: Es gibt (mindestens) ein x, so dass gilt: x ist P (einige x sind P)

(iii) $\neg \forall x\, P(x)$: Nicht für jedes x gilt: x ist P (nicht alle x sind P)
(iv) $\neg \exists x\, P(x)$: Es gibt kein x, so dass gilt: x ist P (kein x ist P)
(v) $\forall x \neg P(x)$: Für jedes x gilt: x ist nicht P (kein x ist P)
(vi) $\exists x \neg P(x)$: Es gibt ein x, so dass gilt: x ist nicht P (einige x sind nicht P)
(vii) $\neg \forall x \neg P(x)$: Nicht für jedes x gilt: x ist nicht P (nicht alle x sind nicht P)
(viii) $\neg \exists x \neg P(x)$: Es gibt kein x, so dass gilt: x ist nicht P (kein x ist nicht P)

Eine interessante Frage ist, ob einige dieser Formeln das Gleiche besagen. Offenbar besagen (iii) und (vi) das Gleiche, ebenso wie (iv) und (v), (i) und (viii), (ii) und (vii).

Einige allgemeine Übersetzungsregeln für komplexe Formeln lauten:

(ix) $\forall x\, (P(x) \supset Q(x))$: Für jedes x gilt: wenn x P ist, dann ist x (auch) Q (alle P's sind Q; z. B.: Alle Menschen sind sterblich)
(x) $\forall x\, (P(x) \supset \neg Q(x))$: Für jedes x gilt: wenn x P ist, dann ist x nicht Q (kein P ist Q; z. B.: Kein Affe ist ein Fisch)
(xi) $\exists x\, (P(x) \wedge Q(x))$: Es gibt ein x, so dass gilt: x ist P und x ist Q (einige P's sind Q; z. B.: Einige Männer sind intelligent)
(xii) $\exists x\, (P(x) \wedge \neg Q(x))$: Es gibt ein x, so dass gilt: x ist P und x ist nicht Q (einige P's sind nicht Q, z. B.: Einige Männer sind nicht intelligent)

Auf der Grundlage der bisherigen Terminologie können wir zunächst singuläre Aussagen bestimmen, die etwas über einzelne oder endlich viele angegebene Gegenstände behaupten:

1.27 *Singuläre Aussagen*

Eine Elementaraussage oder eine Verknüpfung endlich vieler Elementaraussagen durch Junktoren heißt *singuläre Aussage.*

Von singulären Aussagen müssen wir *quantifizierte Aussagen* unterscheiden, die etwas über alle Gegenstände oder über einige nicht näher bezeichnete Gegenstände behaupten.

1.28 *Quantifizierte Aussagen*

(1) Die Anwendung eines Quantors auf einen offenen Satz heißt *Quantifikation des offenen Satzes* – und ihr Ergebnis heißt *quantifizierter Satz.*
(2) Ein quantifizierter Satz, der nur Allquantoren enthält, heißt *Allaussage* oder *generelle Aussage* oder *universelle Aussage (Allsatz, genereller Satz, universeller Satz).*
(3) Ein quantifizierter Satz, der nur Existenzquantoren enthält, heißt *Existenzaussage* oder *partikuläre Aussage (Existenzsatz, partikulärer Satz).*
(4) Ein quantifizierter Satz, der Allquantoren und Existenzquantoren enthält, heißt *gemischte All- und Existenzaussage.*

Betrachten wir beispielsweise folgende kleine Konversation zwischen einem Hundebesitzer H und dem Vater V einer kleinen Tochter. H und V sind eigentlich Freunde, geraten aber manchmal in Streit:

(a) V: Wenn dein Pudel wütend ist, beißt er meine Tochter.
(b) H: Pudel beißen Kinder nicht.
(c) V: Dein Pudel hat meine Tochter aber gebissen.

(d) H: Pudel beißen nicht.
(e) V: Einige Pudel beißen sehr wohl, z. B. dein Pudel beißt meine Tochter und ihre Freundin.
(f) H: Es gibt vielleicht einige Pudel, die Kinder beißen, aber mein Pudel tut das nicht.
(g) V: Kein Pudel hat einen Besitzer, der nicht realitätsfern ist.
(h) H: Ich besitze einen Pudel, bin aber keineswegs realitätsfern.
(i) V: Zumindest einige Pudel haben Besitzer, die ziemlich verrückt sind.
(j) H: Jeder Streit muss einmal ein Ende haben.

Hier kommen teils singuläre, teils quantifizierte Aussagen vor: singuläre Aussagen sind (a), (c), zweiter Satz von (e), zweiter Satz von (f), (h); die übrigen Aussagen sind quantifiziert.

Ein weiterer Punkt in 1.28 verdient unsere Aufmerksamkeit. In 1.28 (1) ist die Rede von offenen Sätzen der Form P(x), also z. B. Auto (x), die wir mit »x ist P« bzw. »x ist ein Auto« übersetzen können. Offene Sätze können auch eine komplexe Gestalt haben, z. B. »x ist Auto und x ist rot«. Diese Sätze sind offen, weil nicht bestimmt ist, auf welchen einzelnen Gegenstand sie sich beziehen. Offene Sätze haben daher keinen Wahrheitswert – aber sie haben eine Extension (vgl. 1.10 (2)(b)). Hier sind einige Beispiele für Extensionen (ggf. komplexer) offener Sätze:
(a) Auto (x): die Menge aller Autos (die Menge aller x, für die gilt: x ist Auto),
(b) Auto (x) $\wedge$ rot (x): die Menge aller roten Autos (die Menge aller x, für die gilt: x ist Auto und x ist rot),
(c) Auto (x) $\vee$ rot (x): die Menge aller Gegenstände, die Autos oder rot sind (die Menge aller x, für die gilt: x ist Auto oder x ist rot),
(d) Mensch (x) $\supset$ sterblich (x): die Allmenge (die Menge aller x, für die gilt: wenn x Mensch ist, dann ist x

sterblich) (es gibt kein x, das Mensch und nicht sterblich ist!),

(e) ¬ Auto (x) ∨ rot (x): alle Gegenstände, die nicht Autos oder rot sind (die Menge aller x, für die gilt: x ist nicht Auto oder x ist rot),

(f) Kater (x) ∧ Fisch (x): die leere Menge (die Menge aller x, für die gilt: x ist Kater und x ist Fisch) (es gibt kein x, das Kater und zugleich Fisch ist!)

Jetzt haben wir die Voraussetzungen zur Hand, um den grundlegenden Begriff der *logischen Form* von Sätzen oder Aussagen genau zu bestimmen. Dieser Begriff ist grundlegend, weil die Logik, wie wir schon gesehen haben, gerade mit logischen Formen von Sätzen arbeitet: die Logik will bestimmen, welche Sätze bereits aufgrund ihrer Form wahr sind und welche Schlüsse schon aufgrund ihrer Form gültig und daher zwingend sind:

1.29 *Logische Form*

(1) Die *einfachste aussagenlogische Form* einer Aussage oder eines Arguments erhält man durch Einsetzung von Aussagenvariablen (1.25) für alle Teilaussagen der Aussage (des Arguments), durch Einsetzung von Junktoren (1.26) für die grammatischen Konjunktionen der Aussage (des Arguments) sowie durch Klammersetzung zur sinngemäßen Gliederung komplexer Aussagen (Argumente).

(2) Die *einfachste prädikatenlogische Form* einer Aussage bzw. eines Arguments erhält man durch Einsetzung von Prädikatorenvariablen (1.25) für alle Prädikatoren der Aussage bzw. des Arguments, durch Einsetzung von Quantoren für die Ausdrücke »alle« und »einige« mit geeigneter

Quantifizierung der offenen Sätze sowie durch Klammersetzung zur sinngemäßen Gliederung komplexer Aussagen (Argumente).

Hier sind einige Beispiele für die Herstellung *aussagenlogischer Formen* von konkreten Aussagen oder Schlüssen:

(1) Ich gehe heute ins Theater und mache mir einen netten Abend, oder ich bleibe zu Hause und arbeite:
$(p \wedge q) \succ\!\!\prec (r \wedge s)$

(2) Wenn du mir drohst oder mich erpresst, wirst du mich kennen lernen:
$(p \vee q) \supset r$

(3) Die Regierung macht ihre Sache gut, und wenn nichts Überraschendes passiert und die Zahl der Arbeitslosen nicht steigt, werden die Regierungsparteien die Wahl gewinnen:
$p \wedge ((\neg q \wedge \neg r) \supset s)$

(4) Du bist mutig genau dann, wenn du trotz Angst das Richtige tust und die Gefahr meisterst:
$p \equiv (q \wedge r)$

(5) Wenn gilt: Wenn Petra Kant intensiv gelesen hat, kennt sie den transzendentalen Ansatz; dann gilt auch: Wenn Petra den transzendentalen Ansatz nicht kennt, hat sie Kant nicht intensiv gelesen:
$p \supset q \Rightarrow \neg q \supset \neg p$

(6) Wenn gilt: Wenn die Vorlesung interessant gewesen ist, haben die meisten Teilnehmer etwas davon gehabt; dann gilt auch: Wenn die meisten Teilnehmer von dieser Vorlesung nichts gehabt haben, ist diese Vorlesung nicht interessant gewesen:
$p \supset q \Rightarrow \neg q \supset \neg p$

(7) Wenn gilt: Wenn die Opposition den Rechtsextremismus fördert, ist sie nicht wählbar. Die Oppositi-

on ist wählbar; dann gilt auch: Die Opposition fördert den Rechtsextremismus nicht:
$(p \supset \neg q) \wedge q \Rightarrow \neg p$

(8) Wenn gilt: Wenn es gute Gründe gegen den Verzehr von Fleisch gibt, sollte die Rinderzucht nicht gefördert werden. Die Rinderzucht sollte aber gefördert werden; dann gilt auch: Es gibt keine guten Gründe gegen den Verzehr von Fleisch:
$(p \supset \neg q) \wedge q \Rightarrow \neg p$

Beispiele (5)–(8) sind Schlüsse, nicht Aussagen wie in den vier ersten Beispielen; und die Schlüsse (5) und (6) bzw. (7) und (8) haben *dieselbe* aussagenlogische Form.

Aussagen mit denselben Aussagevariablen und Junktoren, aber mit anderer sinngemäßer Gliederung der komplexen Aussage erzwingen eine andere Klammersetzung, z. B. im Falle von 2 und 3:

(2a) Du drohst mir, oder wenn du mich erpresst, wirst du mich kennen lernen:
$p \vee (q \supset r)$

(3a) Die Regierung macht ihre Sache gut, und nichts Überraschendes passiert, und wenn die Zahl der Arbeitslosen nicht steigt, werden die Regierungsparteien die Wahl gewinnen:
$(p \wedge \neg q) \wedge (\neg r \supset s)$

Die Herstellung *prädikatenlogischer* Formen von quantifizierten Aussagen kann etwas komplizierter werden (der Deutlichkeit halber sollten wir ausnahmsweise Prädikatorenvariablen verwenden, die auf die konkreten Prädikatoren in den Beispielsätzen zugeschnitten sind).

Beispiele:

(i) Alles lebt: $\forall x\, L(x)$;
(ii) Einiges ist unerträglich: $\exists x\, U(x)$;
(iii) Menschen sind fähig zu weinen: $\forall x\, (M(x) \supset W(x))$;

(iv) Alle Menschen sind sterblich: $\forall x\ (M(x) \supset S(x))$;
(v) Einige Menschen sind genial: $\exists x\ (M(x) \land G(x))$;
(vi) Kein Tier ist dumm: $\forall x\ (T(x) \supset \neg D(x))$;
(vii) Einige Männer sind keine Machos: $\exists x\ (M(x) \land \neg Ma(x))$;
(viii) Alle Frauen sind intelligent: $\forall x\ (F(x) \supset I(x))$;
(ix) Keine Frau ist intelligent: $\forall x\ (F(x) \supset \neg I(x))$;
(x) Einige Frauen sind nicht intelligent: $\exists x\ (F(x) \land \neg I(x))$;
(xi) Alle Kernkraftwerke sind gefährlich: $\forall x\ (K(x) \supset G(x))$;
(xii) Kein Politiker ist ehrlich: $\forall x\ (P(x) \supset \neg E(x))$;
(xiii) Einige Manager sind unberechenbar: $\exists x\ (M(x) \land U(x))$;
(xiv) Nicht alle Raucher sterben an Krebs: $\neg \forall x\ (R(x) \supset S(x))$;
(xv) Einige Philosophen finden keine Arbeit: $\exists x\ (P(x) \land \neg A(x))$;
(xvi) Alles ist Substanz oder Attribut; und Modi sind nicht Substanzen; also sind Modi Attribute: $\forall x\ (S(x) \lor A(x)); \forall x\ (M(x) \supset \neg S(x)) \Rightarrow \forall x\ (M(x) \supset A(x))$.

Wir können natürlich auch gegebene logische Formen von Aussagen durch Ersetzen der Variablen durch konkrete Ausdrücke in konkrete Aussagen verwandeln. Einige dieser Ersetzungen werden zu wahren Aussagen führen, andere zu falschen Aussagen.

Hier sind einige Beispiele dieses Verfahrens für aussagenlogische Formen:

(i) $(p \land q) \supset r$; Ersetzungen: (a) Wenn du intelligent und fleißig bist, bestehst du das Examen (wahrscheinlich wahr); (b) Wenn unsere Regierung schlecht arbeitet und ungerecht vorgeht, gewinnt sie die nächsten Wahlen (wahrscheinlich, aber nicht sicher falsch).

(ii) $p \wedge (q \supset r)$; Ersetzungen: (a) Du bist intelligent, und wenn du fleißig bist, bestehst du das Examen (wahrscheinlich wahr); (b) Unsere Regierung arbeitet schlecht, und wenn sie ungerecht vorgeht, gewinnt sie die nächsten Wahlen (wahrscheinlich, aber nicht sicher falsch).

(iii) $p \supset (q \vee r)$; Ersetzungen: (a) Wenn der Präsident der USA sich weiter über internationale Interessen hinwegsetzt, wird seine Popularität in den USA steigen oder (auch) im Rest der Welt sinken (wahrscheinlich wahr); (b) Wenn Fritz riskant mit Aktien spekuliert, wird er ein reicher Mann werden oder (auch) in den Vorstand eines großen Unternehmens gewählt werden (mit ziemlicher Sicherheit falsch).

(iv) $p \equiv (q \wedge r)$; Ersetzungen: (a) Ein amerikanischer Präsident ist in den USA populär genau dann, wenn er sich über internationale Interessen hinwegsetzt und den Terrorismus bekämpft (wahr); (b) Ein amerikanischer Präsident ist in den USA populär genau dann, wenn er sich allen UNO-Beschlüssen fügt und der Außenpolitik Frankreichs folgt (falsch).

In diesen Beispielen stellt (ii) eine alternative Klammersetzung zu (i) dar!

Und nun einige Beispiele dieses Verfahrens für prädikatenlogische Formen:

(i) $\forall x\,(P(x) \supset (Q(x) \wedge R(x)))$ heißt für P = Mann, Q = aggressiv, R = feige: Alle Männer sind aggressiv oder feige (wahr oder falsch?);

(ii) $\forall x\,(P(x) \supset Q(x)) \supset \neg \exists x\,(P(x) \wedge \neg R(x))$ heißt für P = Mensch, Q = Gefühle haben, R = Bewusstsein haben: Wenn alle Menschen Gefühle haben, dann gibt es keinen Menschen, der kein Bewusstsein hat (wahr);

(iii) $\forall x\ ((P(x) \wedge Q(x)) \supset R(x))$ heißt für P = Politiker, Q = schlau, R = reich werden: Alle schlauen Politiker werden reich (wahr oder falsch?);
(iv) $\exists x\ (P(x) \wedge (Q(x) \vee R(x)))$ heißt für P = Frau, Q = mathematisch interessiert, R = naturwissenschaftlich interessiert: Einige Frauen sind mathematisch oder naturwissenschaftlich interessiert (wahr).

In der Logik und in allen sonstigen Wissenschaften, aber auch in alltäglichen Argumentationen und Debatten ist häufig von *Widersprüchen* die Rede. Der Widerspruchsbegriff ist jedoch mehrdeutig. Wir verfügen bereits jetzt über die begrifflichen Mittel, um die verschiedenen Arten von Widersprüchen klar auseinanderzuhalten:

1.30 *Widersprüche*

Die Sätze *p* und *q*
(a) stehen in *logischem Widerspruch* zueinander, wenn q = nicht-p ist (d. h. ein logischer Widerspruch hat die Form: *p und nicht-p*),
(b) sind *empirisch unvereinbar (empirisch inkonsistent)*, oder stehen in *empirischem Widerspruch* zueinander, wenn der Satz »Wenn p, dann nicht q« synthetisch (1.20 (1)) und wahr ist,
(c) sind *analytisch unvereinbar (analytisch inkonsistent)* oder stehen in analytischem Widerspruch zueinander, wenn der Satz »Wenn p, dann nicht q« analytisch wahr (1.20 (2)) ist,
(d) stehen in *konträrem Widerspruch*, falls sie empirisch oder analytisch unvereinbar sind.

Betrachten wir beispielsweise folgende Satzpaare:
(a) (i) Dieses Tier ist ein Hund
(ii) Dieses Tier ist ein Wurm

(b) (i) Fritz ist ein Kater
(ii) Fritz ist ein Schachprogramm
(c) (i) Die kapitalistische Produktionsweise hat sich in Deutschland durchgesetzt
(ii) In Deutschland herrschen Zunftgesetze
(d) (i) Ich gehe heute um 20 Uhr ins Kino
(ii) Ich gehe heute um 20 Uhr zum Schwimmen
(e) (i) a ist eine Primzahl
(ii) a ist keine Primzahl

Hier bilden offensichtlich die Satzpaare (a) und (b) analytische Widersprüche, die Satzpaare (c) und (d) dagegen empirische Widersprüche. Das Satzpaar (e) bildet einen logischen Widerspruch. Alle Satzpaare außer Paar (e) bilden demnach konträre Widersprüche.

Im 20. Jahrhundert wurde, um einen kleinen Anwendungsfall dieser Unterscheidung zu erwähnen, um die Deutung »dialektischer« Widersprüche (oder auch »realer« Widersprüche) erbittert diskutiert. Es ging um die Frage, ob dialektische Widersprüche auf logische Widersprüche reduzierbar sind oder ob sie eher mit realen Verhältnissen zu tun haben und über bloße Logik hinausgehen. Die meisten der beteiligten Autoren kannten offensichtlich nicht einmal die elementarsten logischen Begriffe. Denn, wie wir jetzt sehen können, ist die Antwort trivial: Dialektische Widersprüche sind nicht logische, sondern konträre (und in den meisten Fällen empirische) Widersprüche. Sie haben daher in der Tat mit empirischen oder sprachlichen Verhältnissen zu tun. Sie sind daher zwar nicht logisch falsch, aber sie können mit Hilfe logischer Begriffe erläutert werden.

Die Semantik der Aussagenlogik

Die elementarste Form der Logik ist die *Aussagenlogik*, die nur mit Aussagevariablen (1.25) und Junktoren (1.26) arbeitet. Ihr Ziel ist es zu bestimmen, welche Aussagen *aussagenlogisch wahr* und welche Schlüsse *aussagenlogisch gültig* sind. Wie wir schon gesehen haben (1.21 und 1.22), sind logisch wahre (oder falsche) Sätze eine spezielle Klasse von analytischen Sätzen: sie sind wahr (oder falsch) aufgrund der Bedeutungen der logischen Ausdrücke, die in ihnen vorkommen. Im Falle der Aussagenlogik sind einzig die Junktoren (1.26 (1)) logische Ausdrücke. *Die Aussagenlogik muss daher von einer Bestimmung der Bedeutung der wichtigsten Junktoren ausgehen* – also von einer *Semantik der Junktoren*. Auf den ersten Blick scheint es nicht einfach zu sein anzugeben, was Wörter wie »nicht« oder »und« bedeuten. Zur Beantwortung dieser Frage muss zunächst die entscheidende sprachliche Funktion der Junktoren spezifiziert werden:

1.31 *Junktoren*

(1) Ausdrücke, die einfachere Aussagen so verbinden, dass komplexere Aussagen entstehen, heißen *Satzoperatoren*.
(2) Satzoperatoren heißen *wahrheitsfunktional* oder *Junktoren*, wenn sie komplexere Aussagen aus einfacheren Aussagen so zusammensetzen, dass der Wahrheitswert (1.6) der komplexeren Aussage allein und eindeutig vom Wahrheitswert der einfacheren Aussagen abhängt.

Satzoperatoren sind Ausdrücke, mit denen wir Sätze verbinden und die wir in der Grammatik daher meist *Konjunktionen* nennen (»und«, »weil«, »nachdem« usw.). In der Logik ist die *Konjunktion* dagegen ein einziger bestimmter Junktor, nämlich der Junktor »und« (1.26 (1)(b)). Der entscheidende Gedanke zur Bestimmung der *Junktoren* als einer *spezifischen* Klasse von Satzoperatoren ist in (2) aus 1.31 angegeben. Nehmen wir beispielsweise die Sätze »Heute morgen bin ich früh aufgestanden« und »Heute habe ich lange gearbeitet«. Aus diesem Satzpaar können wir mit Hilfe des Junktors »und« den komplexen (zusammengesetzten) Satz

(i) »Heute morgen bin ich früh aufgestanden, und heute habe ich lange gearbeitet«

bilden. Und es ist offensichtlich, dass wir sofort sagen können, unter welchen Bedingungen dieser komplexe Satz wahr bzw. falsch ist: Er ist genau dann wahr, wenn beide Teilsätze wahr sind, und genau dann falsch, wenn mindestens einer der beiden Teilsätze falsch ist. Die zentrale sprachliche Kraft unseres Junktors »und« besteht gerade darin, dass er es uns ermöglicht, den Wahrheitswert eines mit »und« zusammengesetzten Satzes *eindeutig* zu bestimmen *allein* aufgrund der Kenntnis der Wahrheitswerte der Teilsätze. Das ist z.B. bei dem Satzoperator »weil« nicht der Fall: Der Satz

(ii) Weil ich heute morgen früh aufgestanden bin, habe ich heute lange gearbeitet«

ist aus denselben Teilsätzen zusammengesetzt wie der Satz (i). Aber wenn wir z.B. wissen, dass beide Teilsätze wahr sind, wissen wir deshalb noch keineswegs, ob auch Satz (ii) wahr ist. Denn selbst wenn es wahr ist, dass ich heute morgen früh aufgestanden bin und dass ich heute lange gearbeitet habe, folgt daraus *allein* noch nicht, dass ich heute lange gearbeitet habe, *weil* ich heute früh aufgestanden bin. Vielleicht bin ich ein Morgenmuffel, der, wenn er früh aufstehen muss, den ganzen Tag müde und missgelaunt ist und unter diesen Bedingungen gewöhnlich nicht lange arbeiten kann. Dann wäre es angemessener zu sagen:

»*Obwohl* ich heute morgen früh aufgestanden bin, habe ich heute lange gearbeitet«.

Nur einige Satzoperatoren haben der klassischen Aussagenlogik zufolge die sprachliche Kraft, den Wahrheitswert eines mit ihrer Hilfe zusammengesetzten Satzes allein und eindeutig aufgrund der Wahrheitswerte der Teilsätze festzulegen. Neben »und« gehören dazu u. a. auch »oder« und »wenn – dann«. *Diese* Satzoperatoren sind gerade die Junktoren. Und die Logik behauptet, dass die *Bedeutung* eines Junktors gerade in der spezifischen Weise besteht, *wie* er den Wahrheitswert eines mit seiner Hilfe zusammengesetzten Satzes allein auf der Basis der Wahrheitswerte der Teilsätze eindeutig festlegt.

Schematisch können wir z.B. sagen, dass der Junktor »und« seiner Bedeutung und sprachlichen Kraft nach folgende Zuordnung ermöglicht: (w, w) → w; (w, f) → f; (f, w) → f; (f, f) → f (dabei gibt die Klammer jeweils den Wahrheitswert des ersten und zweiten Teilsatzes an und der Buchstabe nach dem Pfeil den Wahrheitswert des zusammengesetzten Satzes). Wenn wir »oder« in seiner scharfen Bedeutung, also im Sinne von »entweder – oder« nehmen, dann handelt es sich ebenfalls um einen Junktor: Ein Entweder-Oder-Satz ist ja gerade dann wahr, wenn seine Teilsätze verschiedene Wahrheitswerte haben; der Satz ist falsch, wenn seine Teilsätze dieselben Wahrheitswerte haben; die Bedeutung von »entweder – oder« ist also durch folgende Zuordnung bestimmt: (w, w) → f; (w, f) → w; (f, w) → w; (f, f) → f.

Die Bedeutung jedes Junktors »j« kann daher durch *Wahrheitstafeln* ermittelt werden, die angeben, wie »j« allein aufgrund des Wahrheitswertes zweier Aussagen »p« und »q« den Wahrheitswert der aus »p« und »q« durch »j« zusammengesetzten Aussage *»p j q«* eindeutig festlegt (der Junktor »nicht« ist insofern eine Ausnahme, als er sich nur auf eine einzige Aussage bezieht). Die Wahrheitstafeln und damit die Bedeutungen der wichtigsten Junktoren werden in der folgenden Erläuterung angegeben:

1.32 *Semantik der Junktoren*

Die *wichtigsten Junktoren* sind (mit w = wahr, f = falsch):

(1) Die *Negation (nicht: ¬)*. Wahrheitstafel:

p	¬ p
w	f
f	w

(2) Die *Konjunktion (und: ∧)*. Wahrheitstafel:

p	q	p ∧ q
w	w	w
w	f	f
f	w	f
f	f	f

(3) Die *Disjunktion (= Adjunktion) (oder: ∨)* Wahrheitstafel:

p	q	p ∨ q
w	w	w
w	f	w
f	w	w
f	f	f

(4) Die *(materiale) Implikation (= Subjunktion, (materiales) Konditional) (wenn – dann: ⊃)*. Wahrheitstafel:

p	q	p ⊃ q
w	w	w
w	f	f
f	w	w
f	f	w

(5) Die *Äquivalenz (= Bisubjunktion, Bikonditional) (genau dann, wenn (= gdw): ≡)*. Wahrheitstafel:

p	q	p ≡ q
w	w	w
w	f	f
f	w	f
f	f	w

(6) Die Kontravalenz (entweder – oder: >–<). Wahrheitstafel:

p	q	p >–< q
w	w	f
w	f	w
f	w	w
f	f	f

(7) Die Wahrheitstafeln in (1)–(6) geben die *Bedeutung* oder die *Semantik* der fünf wichtigsten logischen Junktoren an.

Nicht alle diese Bedeutungsangaben sind überzeugend. Notorische Probleme bereiten vor allem die Implikation und die Disjunktion. Denn in der Umgangssprache werden Wenn-dann-Sätze und Oder-Sätze gewöhnlich gerade dann gebraucht, wenn die Wahrheitswerte der Teilsätze *nicht* bekannt sind. Die Sätze »Wenn morgen schönes Wetter ist, gehe ich baden« und »Morgen gehe ich baden oder bleibe zu Hause und arbeite« sind witzlos, wenn ich schon weiß, ob morgen schönes Wetter ist, ob ich baden gehe und ob ich zu Hause bleibe und arbeite. Die Semantik der materialen Implikation und der Disjunktion unterstellen dagegen nach Definition, dass die Wahrheitswerte der Teilsätze, die sie zu komplexen Sätzen verbinden, immer schon bekannt sind. Und das bedeutet, dass die Satzoperatoren »wenn – dann«

und »oder« in der Umgangssprache nicht als Junktoren verwendet werden. In der Umgangssprache wird insbesondere ein Wenn-dann-Satz als bedingte Behauptung des Dann-Satzes verstanden. Der Satz »Wenn ich müde bin, höre ich auf zu arbeiten« wird verstanden als die Behauptung, dass ich aufhöre zu arbeiten – unter der Bedingung, dass ich müde bin. Wenn diese Bedingung nicht erfüllt ist, wird mit diesem Satz *überhaupt nichts* behauptet. Das ist ein weiteres Indiz dafür, dass der Satzoperator »wenn – dann« in der Umgangssprache nicht als Junktor verstanden wird. Denn für den Fall, dass der Wenn-Satz falsch ist, hat der gesamte Wenn-dann-Satz keinen Wahrheitswert. *Wenn* wir allerdings den Satzoperator »wenn – dann« als Junktor definieren wollen (und das ist natürlich in der klassischen Logik wünschenswert), dann kommt die Bedeutungsfestlegung (4) in 1.32 dem umgangssprachlichen »wenn – dann« noch am nächsten.

Das aussagenlogische Entscheidungsverfahren

Welche Aussagen sind aussagenlogisch wahr, und welche Schlüsse sind aussagenlogisch gültig – und vor allem, warum? Diese Fragen kann die Aussagenlogik mit Hilfe eines *Entscheidungsverfahrens* beantworten. Grundlage dieses Verfahrens ist die Semantik der logischen Junktoren in 1.32. Man sollte dabei den Begriff eines Entscheidungsverfahrens klar vor Augen haben und insbesondere Entscheidungsverfahren von Beweisen (1.23) unterscheiden:

1.33 *Entscheidungsverfahren (Algorithmus)*

Ein *Entscheidungsverfahren* (auch *Algorithmus* genannt) ist eine Prozedur, die in einem gegebenen Bereich und für ein gegebenes Problem in diesem Bereich in endlich vielen Schritten zu einer Lösung des Problems führt.

Nehmen wir an, dass wir ein Theorem *beweisen* wollen, und zwar durch eine Ableitung aus Prämissen, die wir als wahr betrachten können (beispielsweise in der Mathematik) (1.23). In diesem Fall können wir nicht auf ein vorgegebenes und fest definiertes Verfahren zurückgreifen, sondern brauchen Erfahrung und Phantasie. Wenn es nicht gelingt, das Theorem zu beweisen, wissen wir nie endgültig, ob es nicht beweisbar ist oder ob wir den Beweis nur nicht finden können. Ein Entscheidungsverfahren (Algorithmus) ist dagegen eine mechanische Prozedur, die in endlich vielen Schritten zu einer definitiven Antwort führt. Vertraut sind uns etwa algebraische Algorithmen wie das Lösen von vier Gleichungen mit vier Unbekannten. Aber Algorithmen operieren in verschiedenen Bereichen, beispielsweise auch in Gehirnen: das Gehirn von Stubenfliegen etwa, das weitgehend erforscht ist, entscheidet algorithmisch über Anflugwinkel und Anfluggeschwindigkeit bei der Landung auf Flächen.

Die nächste Erläuterung beschreibt den *aussagenlogischen* Algorithmus, der in endlich vielen Schritten zu einer definitiven Antwort auf die Frage führt, ob eine gegebene Aussageform (und damit jede konkrete Aussage, die wir durch Einsetzung aus der Aussageform gewinnen können) aussagenlogisch wahr ist (dieser Algorithmus entscheidet dann auch über die Frage, ob ein Schluss aussagenlogisch gültig ist, 1.22):

1.34 *Aussagenlogischer Algorithmus, aussagenlogische Wahrheit*

(1) Sei A eine Aussage und A* ihre Aussageform (man erhält A*, indem man für alle Teilaussagen von A Aussagevariablen einsetzt); die Ersetzung aller Teilaussagen von A bzw. aller Aussagevariablen von A* durch bestimmte Wahrheitswerte

heißt *Wahrheitsannahme* über A bzw. A* (auch wenn dabei der Wahrheitswert »falsch« vorkommt). Dabei muss für alle Vorkommnisse bestimmter Teilaussagen in A bzw. für alle Vorkommnisse bestimmter Aussagevariablen in A* stets derselbe Wahrheitswert eingesetzt werden.

(2) Sei A eine komplexe (d. h. mit Junktoren zusammengesetzte) Aussage oder Aussageform und W eine Wahrheitsannahme über A; dann heißt die Ausrechnung des Wahrheitswertes von A unter W gemäß 1.32 *Wahrheitswertanalyse* von A.

(3) Eine Aussage bzw. Aussageform heißt *aussagenlogisch wahr* genau dann, wenn die Wahrheitswertanalyse von A für alle möglichen Wahrheitsannahmen über A den Wahrheitswert »wahr« ergibt. Der Schluss »$p_1, \ldots, p_n \vdash q$« (mit ggf. komplexen Aussagen p_i, q) heißt *aussagenlogisch gültig* genau dann, wenn die Aussage »$p_1 \land \ldots \land p_n \supset q$« aussagenlogisch wahr ist.

(4) Es ist die *Aufgabe der Aussagenlogik*, die aussagenlogisch wahren Aussagen und die aussagenlogisch gültigen Schlüsse zu ermitteln. Nach (3) oben steht für diese Ermittlung ein *Entscheidungsverfahren* zur Verfügung, da die Wahrheitswertanalyse in endlich vielen Schritten zu einem eindeutigen Ergebnis führt.

Alle Teile der zentralen Erläuterung 1.34 werden im Folgenden durch einige Beispiele erläutert.

(a) Wahrheitsannahmen über Aussageformen:
 (i) $(p \land q) \supset (p \lor q)$
 z. B. (a) WA: p = w, q = f: $(w \land f) \supset (w \lor f)$
 (b) WA: p = w, q = w: $(w \land w) \supset (w \lor w)$

(ii) $(p \supset q) \supset (p \equiv q)$
z. B. (a) WA: p = f, q = w: $(f \supset w) \supset (f \equiv w)$
(b) WA: p = f, q = f: $(f \supset f) \supset (f \equiv f)$

(b) Wahrheitswertanalyse der Wahrheitsannahmen in (a) (man beginne innerhalb der (engsten) Klammern!):

(i) (a)
$$\begin{array}{ccc} (w \wedge f) & \supset & (w \vee f) \\ f & \supset & w \\ & w & \end{array}$$

(b)
$$\begin{array}{ccc} (w \wedge w) & \supset & (w \vee w) \\ w & \supset & w \\ & w & \end{array}$$

(ii) (a)
$$\begin{array}{ccc} (f \supset w) & \supset & (f \equiv w) \\ w & \supset & f \\ & f & \end{array}$$

(b)
$$\begin{array}{ccc} (f \supset f) & \supset & (f \equiv f) \\ w & \supset & w \\ & w & \end{array}$$

Weitere Beispiele zur Herstellung einer Wahrheitsannahme *und* Wahrheitswertanalyse:

(i) $(\neg p \supset q) \vee (p \wedge \neg q)$ WA: p = f, q = w
$$\begin{array}{ccc} (\neg f \supset w) & \vee & (f \wedge \neg w) \\ (w \supset w) & \vee & (f \wedge f) \\ w & \vee & f \\ & w & \end{array}$$

(ii) $(\neg p \vee q) \equiv \neg (p \wedge \neg q)$ WA: p = w, q = f
$$\begin{array}{ccc} (\neg w \vee f) & \equiv & \neg (w \wedge \neg f) \\ (f \vee f) & \equiv & \neg (w \wedge w) \\ w & \equiv & \neg w \\ w & \equiv & f \\ & f & \end{array}$$

(c) Prüfung auf aussagenlogische Wahrheit

Nach 1.34 (3) müssen wir einfach prüfen, ob *alle möglichen* Wahrheitsannahmen über einer Aussageform nach

Wahrheitswertanalyse das Resultat »w« (»wahr«) haben. Genau in diesem Fall liegt aussagenlogische Wahrheit vor. Sobald zum erstenmal der Wahrheitswert »f« (»falsch«) herauskommt, können wir die Überprüfung abbrechen, denn dann ist die Aussageform *nicht* aussagenlogisch gültig. In den folgenden Beispielen gehen wir von einer Aussageform aus und führen dann noch einmal Wahrheitsannahmen (WA), Wahrheitswertanalyse (WWA) und Prüfung auf aussagenlogische Wahrheit (PA) durch (das eingerahmte »w« bzw. »f« markiert das Ergebnis der WWA):

(i) $p \supset (q \vee \neg p)$

1. WA: $w \supset (w \vee \neg w)$;
   WWA: $w \supset (w \vee f)$; $w \supset w$; $\boxed{w}$
2. WA: $w \supset (f \vee \neg w)$;
   WWA: $w \supset (f \vee f)$; $w \supset f$; $\boxed{f}$

PA: An dieser Stelle können wir schon aufhören: Für die zweite WA ergibt sich »falsch«, d. h., die Aussageform ist nicht aussagenlogisch gültig.

(ii) $p \supset (\neg q \vee p)$

1. WA: $w \supset (\neg w \vee w)$;
   WWA: $w \supset (f \vee w)$; $w \supset w$; $\boxed{w}$
2. WA: $w \supset (\neg f \vee w)$;
   WWA: $w \supset (w \vee w)$; $w \supset w$; $\boxed{w}$
3. WA: $f \supset (\neg w \vee f)$;
   WWA: $f \supset (f \vee f)$; $f \supset f$; $\boxed{w}$
4. WA: $f \supset (\neg f \vee f)$;
   WWA: $f \supset (w \vee f)$; $f \supset w$; $\boxed{w}$

PA: Für alle WA ergibt WWA »w«, also: aussagenlogische Wahrheit.

(iii) $(p \wedge q) \equiv \neg(\neg p \vee \neg q)$

1. WA: $(w \wedge w) \equiv \neg(\neg w \vee \neg w)$;
   WWA: $(w \wedge w) \equiv \neg(f \vee f)$; $w \equiv \neg f$; $w \equiv w$; $\boxed{w}$

2. WA: $(w \wedge f) \equiv \neg(\neg w \vee \neg f)$;
WWA: $(w \wedge f) \equiv \neg(f \vee w)$; $f \equiv \neg w$; $f \equiv f$; $\boxed{w}$
3. WA: $(f \wedge w) \equiv \neg(\neg f \vee \neg w)$;
WWA: $(f \wedge w) \equiv \neg(w \vee f)$; $f \equiv \neg w$; $f \equiv f$; $\boxed{w}$
4. WA: $(f \wedge f) \equiv \neg(\neg f \vee \neg f)$;
WWA: $(f \wedge f) \equiv \neg(w \vee w)$; $f \equiv \neg w$; $f \equiv f$; $\boxed{w}$

PA: für alle WA ergibt WWA »w«, also: aussagenlogische Wahrheit.

(iv) $(p \wedge \neg q) \equiv (\neg p \vee \neg q)$

1. WA: $(w \wedge \neg w) \equiv (\neg w \vee \neg w)$;
WWA: $(w \wedge f) \equiv (f \vee f)$; $f \equiv f$; $\boxed{w}$
2. WA: $(w \wedge \neg f) \equiv (\neg w \vee \neg f)$;
WWA: $(w \wedge w) \equiv (f \vee w)$; $w \equiv w$; $\boxed{w}$
3. WA: $(f \wedge \neg w) \equiv (\neg f \vee \neg w)$;
WWA: $(f \wedge f) \equiv (w \vee f)$; $f \equiv w$; $\boxed{f}$

Hier können wir erneut abbrechen: Für die dritte WA ergibt sich »falsch«, d. h., die Aussageform ist nicht aussagenlogisch gültig.

Die folgenden weiteren vier Aussageformen sind jedoch wieder aussagenlogisch wahr:

(v) $((p \supset q) \wedge (\neg q \vee p)) \supset (p \equiv q)$
(vi) $((p \supset q) \wedge (q \supset r)) \supset (p \supset r)$
(vii) $(p \wedge (q \vee r)) \supset ((p \wedge q) \vee (p \wedge r))$
(viii) $(p \vee (q \wedge r)) \supset ((p \vee q) \wedge (p \vee r))$

Wir zeigen dies noch ein letztes Mal für die undurchsichtige, aber interessante Aussageform (viii) (hier sind acht WA zu prüfen, weil wir es nicht mit zwei, sondern mit drei verschiedenen Aussagevariablen zu tun haben!):

(viii) $(p \vee (q \wedge r)) \supset ((p \vee q) \wedge (p \vee r))$

1. WA: $(w \vee (w \wedge w)) \supset ((w \vee w) \wedge (w \vee w))$;
WWA: $(w \vee w) \supset (w \wedge w)$; $w \supset w$; $\boxed{w}$

2. WA: (w ∨ (w ∧ f)) ⊃ ((w ∨ w) ∧ (w ∨ f));
   WWA: (w ∨ f) ⊃ (w ∧ w); w ⊃ w; [w]
3. WA: (w ∨ (f ∧ w)) ⊃ ((w ∨ f) ∧ (w ∨ w));
   WWA: (w ∨ f) ⊃ (w ∧ w); w ⊃ w; [w]
4. WA: (f ∨ (w ∧ w)) ⊃ ((f ∨ w) ∧ (f ∨ w));
   WWA: (f ∨ w) ⊃ (w ∧ w); w ⊃ w; [w]
5. WA: (w ∨ (f ∧ f)) ⊃ ((w ∨ f) ∧ (w ∨ f));
   WWA: (w ∨ f) ⊃ (w ∧ w); w ⊃ w; [w]
6. WA: (f ∨ (w ∧ f)) ⊃ ((f ∨ w) ∧ (f ∨ f));
   WWA: (f ∨ f) ⊃ (w ∧ f); f ⊃ f; [w]
7. WA: (f ∨ (f ∧ w)) ⊃ ((f ∨ f) ∧ (f ∨ w));
   WWA: (f ∨ f) ⊃ (f ∧ w); f ⊃ f; [w]
8. WA: (f ∨ (f ∧ f)) ⊃ ((f ∨ f) ∧ (f ∨ f));
   WWA: (f ∨ f) ⊃ (f ∧ f); f ⊃ f; [w]

PA: Für alle WA ergibt WWA »w«, also: aussagenlogische Wahrheit

Wie steht es nun mit der Prüfung der aussagenlogischen Gültigkeit von Schlüssen? Dieses Verfahren ist im Prinzip ebenso einfach wie die Prüfung auf aussagenlogische Wahrheit von Aussagen. Wir müssen nur einen zusätzlichen kleinen Schritt einlegen. Wir müssen nämlich nach 1.22 die gegebenen Schlüsse zunächst in eine große Wenn-dann-Aussage umwandeln, indem wir alle Prämissen des Schlusses durch Konjunktionen (»und«) verbinden und die Konklusion des Schlusses mit dem Wenn-dann-Junktor anhängen. Diese große Wenn-dann-Aussage müssen wir dann in der gewohnten Weise (also nach 1.34) auf aussagenlogische Wahrheit prüfen.

In den folgenden Beispielen gehen wir zur Übung von *konkreten* Schlüssen aus. Wir müssen daher in diesen Fällen zunächst die *Aussageform* dieser Schlüsse herstellen.

Hier ist der erste Schluss:

(i) Wenn Peter Charlotte wirklich liebt (= p), hilft er ihr (= q) und hat Lust, sie zu treffen (= r).

(ii) Aber Peter hat keine Lust, sie zu treffen.
(iii) Also: Peter liebt Charlotte nicht wirklich.

Ist das wirklich ein zwingender gültiger Schluss? Die meisten von uns haben vermutlich das Gefühl, dass der Schluss gültig ist. Allerdings könnte es irritieren, dass in (ii) und (iii) von der Hilfe für Charlotte (Satz »q« in (i)) nicht mehr die Rede ist. Wir sollten also besser den logischen Algorithmus zu Hilfe nehmen, um die Frage zu entscheiden. Die Aussageform des Schlusses (mit der Umwandlung des Schlusses in eine Wenn-dann-Aussage) lautet:

(*) $((p \supset (q \wedge r)) \wedge \neg r) \supset \neg p$

Wir können das Verfahren ein wenig vereinfachen. Im Prinzip sind wieder acht WA zu prüfen. Aber ein Wenn-dann-Satz ist nach 1.32 (4) nur dann falsch, wenn sein Dann-Satz falsch ist. Jede WA, die den Dann-Satz wahr macht, können wir also in der Überprüfung auslassen. Wir müssen nur diejenigen WA hernehmen, die den Dann-Satz (also die Konklusion des ursprünglichen Schlusses) falsch machen, und nachsehen, ob der Wenn-Satz (also die Konjunktion der Prämissen des ursprünglichen Schlusses) für diese WA wahr wird. Ist das nicht der Fall, liegt aussagenlogische Wahrheit und Gültigkeit vor. Denn dann gibt es keine Wahrheitsannahme, unter der alle Prämissen wahr und die Konklusion des Schlusses falsch werden. Das wäre dann ein sehr zwingender Schluss!

In unserem Falle müssen wir daher nur diejenigen WA prüfen, für die p = w ist (denn für p = f wird der Dann-Satz wahr); wir müssen also nur vier der acht WA durchrechnen:

1. WA: $((w \supset (w \wedge w)) \wedge \neg w) \supset \neg w$;
WWA: $((w \supset (w \wedge w)) \wedge f) \supset f$; $((w \supset w) \wedge f) \supset f$;
$((w \wedge f) \supset f$; $f \supset f$; $\boxed{w}$

2. WA: $((w \supset (w \wedge f)) \wedge \neg f) \supset \neg w$;
WWA: $((w \supset (w \wedge f)) \wedge w) \supset f$; $((w \supset f) \wedge w) \supset f$;
$((f \wedge f) \supset f$; $f \supset f$; $\boxed{w}$
3. WA: $((w \supset (f \wedge w)) \wedge \neg w) \supset \neg w$;
WWA: $((w \supset (f \wedge w)) \wedge f) \supset f$; $((w \supset f) \wedge f) \supset f$;
$((f \wedge f) \supset f$; $f \supset f$; $\boxed{w}$
4. WA: $((w \supset (f \wedge f)) \wedge \neg f) \supset \neg w$;
WWA: $((w \supset (f \wedge f)) \wedge f) \supset f$; $((w \supset f) \wedge f) \supset f$;
$((f \wedge f) \supset f$; $f \supset f$; $\boxed{w}$

Das reicht für die Prüfung aus. Das Ergebnis ist klar: Der Schluss von den Prämissen (i) und (ii) auf die Konklusion (iii) ist aussagenlogisch gültig. Aber wie steht es mit dem folgenden Schluss?

(i)* Wenn Peter Charlotte wirklich liebt, hilft er ihr oder hat zumindest Lust, sie zu treffen.
(ii)* Peter hilft Charlotte und hat auch tatsächlich Lust, sie zu treffen.
(iii)* Also: Peter liebt Charlotte wirklich.

Dieser Schluss sieht auf den ersten Blick plausibel aus. Aber manchmal kann uns unser logisches Gefühl auch täuschen. Wir sollten daher lieber ein weiteres Mal die Prüfung durchführen.

Die Aussageform zu diesem zweiten Schluss lautet:
(**) $((p \supset (q \wedge r)) \wedge q \wedge r) \supset p$

Anhand dieses Schlusses können wir eine weitere Vereinfachung des Prüfungsverfahrens erproben. Im Prinzip müssen wir wieder acht WA durchrechnen. Aber wenn wir auch nur eine einzige WA finden, für die der Satz »p« falsch und der Satz »$((p \supset (q \wedge r)) \wedge q \wedge r)$« wahr wird, dann ist gezeigt, dass die Aussageform (**) und damit unser zweiter Schluss nicht aussagenlogisch gültig ist. Wenn es eine solche WA gibt, muss in ihr auf jeden Fall p = f sein. Wenn wir unter dieser Annahme auf die Aussageform (**) schauen, dann können wir entdecken, dass für p = f, q = w und r = w der Satz »$((p \supset (q \wedge r)) \wedge q \wedge r)$« tatsächlich wahr wird! Denn unter dieser WA werden »$p \supset (q \wedge r)$« und »$q \wedge r$« wahr. Rechnen wir (**) noch einmal unter dieser WA durch:

WWA: $((f \supset (w \wedge w)) \wedge w \wedge w) \supset f$; $((f \supset w) \wedge w) \supset f$; $(w \wedge w) \supset f$; $w \supset f$; $\boxed{f}$

Tatsächlich hat das Argument (**), also die Folgerung von den Prämissen (i)* und (ii)* auf die Konklusion (iii)*, die Form einer Bestätigung von (i)* und (ii)* durch (iii)* (1.23 (2)), wie sie in vielen Wissenschaften häufig vorkommt. Eine Bestätigung ist interessanterweise, wie wir jetzt sehen, nicht aussagenlogisch gültig.

Die Junktoren sind nicht unabhängig voneinander bestimmt: einige Junktoren können mittels anderer Junktoren definiert werden, und einige Junktoren können einander sogar gegenseitig definieren. Diese Definitionen sind aussagenlogisch wahre Sätze. Man spricht in solchen Fällen von einer (definitorischen) Reduktion. Die folgende Erläuterung gibt einige der interessantesten dieser Reduktionen an:

1.35 *Reduktion von Junktoren*

(1) Folgende Aussageformen sind aussagenlogisch wahr:
(i) $(p \succ\!\prec q) \equiv \neg (p \equiv q)$
(ii) $(p \equiv q) \equiv ((p \supset q) \wedge (q \supset p))$
(iii) $(p \supset q) \equiv (\neg p \vee q)$
(iv) $(p \vee q) \equiv \neg (\neg p \wedge \neg q)$
(v) $(p \wedge q) \equiv \neg (\neg p \vee \neg q)$
Die Äquivalenzen (i)–(v) erlauben es, die auf der linken Seite der Äquivalenzen vorkommenden

logischen Junktoren durch die auf der rechten Seite vorkommenden logischen Junktoren zu ersetzen und sie in diesem Sinne definitorisch zu *reduzieren*.

(2) Nach (1) ist die Kontravalenz auf Negation und Äquivalenz (vgl. (i)), aber auch z. B. auf Negation, Implikation und Konjunktion (vgl. (ii)) und damit auch auf Negation, Konjunktion und Disjunktion (vgl. (iii)) reduzierbar; ferner ist die Äquivalenz auf Konjunktion und Implikation (vgl. (ii)), aber auch z. B. auf Konjunktion, Negation und Disjunktion (vgl. (iv)) reduzierbar; die Implikation ist auf Negation und Disjunktion reduzierbar (vgl. (iii)); die Disjunktion ist auf Negation und Konjunktion (vgl. (iv)), und die Konjunktion ist umgekehrt auch auf Negation und Disjunktion (vgl. (v)) reduzierbar.

(3) Insbesondere kann jede Aussageform unter anderem allein mit Hilfe der Negation, Konjunktion und Disjunktion oder auch allein mit Hilfe der Negation und Implikation ausgedrückt werden.

Als Beispiel für eine Reduktion im Sinne von 1.35 (3) nehmen wir die Aussageform: $(p \land \neg q) \lor (p \succ\!\!\prec q)$, um sie auf eine Aussageform zu reduzieren, die allein Negation und Implikation enthält:

(a) Es ist nach (v) $(p \land \neg q) \equiv \neg (\neg p \lor q)$ und nach (i) $(p \succ\!\!\prec q) \equiv \neg (p \equiv q)$.

(b) Wegen $(p \supset q) \equiv (\neg p \lor q)$ nach (iii) ist $\neg (\neg p \lor q) \equiv \neg (p \supset q)$.

(c) Nach (ii) ist $\neg (p \equiv q) \equiv \neg ((p \supset q) \land (q \supset p))$.

(d) Nach (v) und (iii) ist $\neg ((p \supset q) \land (q \supset p)) \equiv ((p \supset q) \supset \neg (q \supset p))$.

(e) Also haben wir: $((p \land \neg q) \lor (p \succ\!\!\prec q)) \equiv (\neg (p \supset q)) \lor ((p \supset q) \supset \neg (q \supset p)))$.

(f) Endlich folgt nach (iii): $(\neg (p \supset q)) \vee ((p \supset q) \supset \neg (q \supset p))) \equiv ((p \supset q) \supset ((p \supset q) \supset \neg (q \supset p)))$.
(g) Insgesamt gilt demnach: $((p \wedge \neg q) \vee (p \succ\!\prec q)) \equiv ((p \supset q) \supset ((p \supset q) \supset \neg (q \supset p)))$.

Damit müssen wir die Darstellung der elementarsten Grundlagen der Aussagenlogik abschließen. Die nächste Stufe der Logik ist die *Prädikatenlogik*, deren Grundlagen wir uns jetzt zuwenden.

Elemente der Prädikatenlogik

Ein Schluss wie

(*) (i) Alle Menschen sind sterblich; (ii) alle Frauen sind Menschen; also (iii) alle Frauen sind sterblich

wird vielleicht im Alltag selten ernsthaft verwendet, aber unser meist zuverlässiges logisches Gefühl sagt uns, dass dieser Schluss bemerkenswert zwingend ist. Er ist also vermutlich logisch gültig – aber er ist offensichtlich nicht aussagenlogisch gültig. Denn seine aussagenlogische Form ist $p, q \Rightarrow r$, und das entspricht dem Wenn-dann-Satz $(p \wedge q) \supset r$. Dieser Satz ist aber nicht *aussagenlogisch* wahr, denn für die Wahrheitsannahme $p = w$, $q = w$, $r = f$ wird er falsch.

Wir kommen der Gültigkeit des Schlusses (*) nur dann auf die Spur, wenn wir seine Teilsätze als quantifizierte Sätze (1.28) symbolisieren und damit ihre *prädikative Binnenstruktur* beachten. Und wir wissen bereits, wie wir einen Schluss wie (*) mit quantifizierten Teilsätzen symbolisieren können: Wir können seine *prädikatenlogische Form* herstellen (1.29 (2) und die anschließenden Beispiele):

(**) (i) $\forall x\, (P(x) \supset Q(x))$, (ii) $\forall x\, (Q(x) \supset R(x)) \Rightarrow$ (iii) $\forall x\, (P(x) \supset R(x))$

Die prädikatenlogische Form eines Schlusses stellt unter anderem die logische Beziehung der *Prädikatoren* dar, die in diesem Schluss und in seinen Teilsätzen vorkommen. Die *Prädikatenlogik* untersucht und begründet die Gültigkeit solcher Schlüsse mit quantifizierten Teilsätzen. Der Begriff »Prädikatenlogik« ist zwar weit verbreitet, doch ist er unglücklich gewählt. Angemessener wäre »Prädikatorenlogik«, aber früher wurde das, was wir heute Prädikator nennen, als Prädikat im logischen Sinne bezeichnet (vgl. oben nach 1.3). Damit wird allerdings eine fatale Verwechslung von Prädikatoren mit Prädikaten im grammatischen Sinn heraufbeschworen.

In der Prädikatenlogik treten die Quantoren (1.26 (2)) als logische Zeichen neben die Junktoren. Aus diesem Grund beruhen prädikatenlogische Gültigkeit von Schlüssen und prädikatenlogische Wahrheit von Sätzen auf der Bedeutung der Junktoren *und* Quantoren. Die Prädikatenlogik muss also auch die Semantik der Quantoren darstellen. Diese Überlegung fassen wir in den nächsten beiden Erläuterungen zusammen. Wir beginnen mit der Semantik (Bedeutungsangabe) der Quantoren:

1.36 *Semantik der Quantoren*

(1) Sei »S« ein offener Satz (1.25 (1)), dann ist die Allaussage »∀x S« wahr genau dann, wenn »S« für alle Ersetzungen seiner Gegenstandsvariablen durch Nominatoren (1.2, 1.3) wahr ist. Die Allaussage ist daher falsch genau dann, wenn »S« für mindestens eine dieser Ersetzungen falsch ist.

(2) Sei »S« ein offener Satz, dann ist die Existenzaussage »∃x S« wahr genau dann, wenn »S« für mindestens eine Ersetzung seiner Gegenstandsvariablen durch Nominatoren wahr ist. Die Existenz-

aussage ist daher falsch genau dann, wenn »S« für alle derartigen Ersetzungen falsch ist.

(3) Mit (1) und (2) wird die *Bedeutung (Semantik) der Quantoren* festgelegt.

In der Prädikatenlogik wird wie in der Aussagenlogik die logische Wahrheit und Gültigkeit mit Blick auf die logische Semantik erklärt:

1.37 *Prädikatenlogische Wahrheit*

(1) Die *Prädikatenlogik* untersucht die logische Wahrheit und Gültigkeit von Prädikatorenschemata und ihren Einsetzungsinstanzen (d. h., sie untersucht die Wahrheit von Sätzen und die Gültigkeit von Schlüssen, die durch Ersetzung der Variablen (1.25) in den Prädikatorenschemata durch Nominatoren und Prädikatoren (1.2, 1.3) entstehen).

(2) Prädikatorenschemata oder ihre Einsetzungsinstanzen sind *prädikatenlogisch wahr* genau dann, wenn sie wahr sind allein aufgrund der Bedeutung der logischen Konstanten (Junktoren und Quantoren), die in ihnen vorkommen. Der Schluss »$P_1, \ldots, P_n \Rightarrow K$« (mit Prädikatorenschemata oder quantifizierten Sätzen P_i, K) ist *prädikatenlogisch gültig* genau dann, wenn das Schema oder der Satz »$P_1 \wedge \ldots \wedge P_n, \supset K$« prädikatenlogisch wahr ist.

(3) Es ist die *Aufgabe der Prädikatenlogik* festzustellen, welche Prädikatenschemata und welche aus Prädikatorenschemata als Einsetzungsinstanzen hervorgehenden Sätze und Schlüsse prädikatenlogisch wahr bzw. prädikatenlogisch gültig sind.

Wir sollten uns anhand einiger Beispiele an Prädikatorenschemata erinnern:

(a) $(\forall x\,(P(x) \supset Q(x)) \wedge \forall x\,(Q(x) \supset R(x))) \supset \forall x\,(P(x) \supset R(x))$ heißt für P = Raucher, Q = krank werden, R = unglücklich sein: Wenn alle Raucher krank sind und alle Kranken unglücklich sind, dann sind alle Raucher unglücklich.

(b) $(\forall x\,(P(x) \supset Q(x)) \wedge \exists x\,(P(x) \wedge R(x))) \supset \exists x\,(Q(x) \wedge R(x))$ heißt für P = Frau, Q = unterdrückt, R = unglücklich: Wenn alle Frauen unterdrückt sind und einige Frauen unglücklich sind, dann sind einige Unterdrückte unglücklich.

(c) $(\forall x\,(P(x) \supset \neg\, Q(x)) \wedge \forall x\,(R(x) \supset P(x))) \supset \forall x\,(R(x) \supset \neg\, Q(x))$ heißt für P = Frau, Q = Chancengleichheit besitzen, R = empathischer Mensch: Wenn keine Frau Chancengleichheit besitzt und alle empathischen Menschen Frauen sind, dann besitzt kein empathischer Mensch Chancengleichheit.

Gibt es für die Prädikatorenschemata in (a)–(c) Einsetzungen für die Prädikatorenvariablen, die diese Formeln falsch machen? Das ist nicht der Fall. Unabhängig davon, welche konkreten Prädikatoren wir einsetzen, bleiben die Sätze wahr, auch wenn bei diesen Einsetzungen einige Teilsätze der komplexen Wenn-dann-Sätze falsch werden. In (a) z. B. sind unter der angegebenen Einsetzung alle Teilsätze falsch: nicht alle Raucher sind krank, nicht alle Kranken sind unglücklich, und nicht alle Raucher sind unglücklich; aber der gesamte Wenn-dann-Satz ist dennoch wahr.

Ähnlich wie die Junktoren sind auch die Quantoren aufeinander reduzierbar:

1.38 *Reduktion der Quantoren*

Die Quantoren stehen in folgenden Beziehungen zueinander:

(a) $\forall x\, P(x) \equiv \neg \exists x \neg P(x)$
(b) $\exists x\, P(x) \equiv \neg \forall x \neg P(x)$
(c) $\forall x \neg P(x) \equiv \neg \exists x\, P(x)$
(d) $\exists x \neg P(x) \equiv \neg \forall x\, P(x)$

Wir haben bisher nur prädikatenlogische Aussagen und Aussageformen betrachtet, die mit einstelligen Prädikatoren operieren. Es gibt jedoch, wie wir wissen, auch mehrstellige Prädikatoren. Aussageformen, in denen mehrstellige Prädikatoren auftauchen, enthalten dann oft auch zwei oder mehr Quantoren. Symbolisierungen und ihre Interpretationen zumindest für zweistellige Prädikatoren sollen nun anhand einiger Beispiele eingeübt werden. Dafür sind zunächst für die einfachsten Fälle *allgemeine Übersetzungsregeln für Quantifikationen mit zweistelligen Prädikatoren* hilfreich:

1.39 *Übersetzungsregeln für Quantifikationen mit zweistelligen Prädikatoren*

(a) $\forall x \forall y\, R(x, y)$: Für jedes x und jedes y gilt: x steht in der Relation (Beziehung) R zu y
(b) $\exists x \forall y\, R(x, y)$: Es gibt (mindestens) ein x, so dass für jedes y gilt: x steht in der Relation (Beziehung) R zu y
(c) $\forall x \exists y\, R(x, y)$: Für jedes x gilt: es gibt ein y, so dass x in der Relation (Beziehung) R zu y steht
(d) $\exists x \exists y\, R(x, y)$: Es gibt ein x und ein y, so dass gilt: x steht in der Relation (Beziehung) R zu y

Konkretes Beispiel: Für R(x, y) = bekämpfen (x, y), d. h. x bekämpft y, ergibt sich (z. B. für den Gegenstandsbereich der Menschen):

(a)* Jeder bekämpft jeden (für jeden gilt, dass er jeden bekämpft)

(b)* Jemand bekämpft alle (es gibt jemanden, der jeden bekämpft)

(c)* Alle bekämpfen jemanden (für jeden gilt, dass er jemanden bekämpft)

(d)* Jemand bekämpft jemanden (es gibt jemanden, der jemanden bekämpft)

Für a = Franz und R(x, y) = x hasst y bzw. hassen (x, y) heißt also z. B. (im Gegenstandsbereich der Menschen)

(i) $\neg\, \forall x\, \forall y\, R(x, y)$: Nicht alle Menschen hassen alle Menschen;

(ii) $\forall x\, \neg\, \forall y\, R(x, y)$: Alle Menschen hassen nicht alle Menschen (d. h. alle Menschen hassen einige Menschen nicht);

(iii) $\neg\, \exists x\, \forall y\, R(x, y)$: Es gibt keinen Menschen, der alle Menschen hasst;

(iv) $\neg\, \exists x\, \exists y\, R(x, y)$: Es gibt keinen Menschen, der einen Menschen hasst;

(v) $\exists x\, \neg\, \exists y\, R(x, y)$: Es gibt einige Menschen, die keinen Menschen hassen;

(vi) $\neg\, \exists y\, R(a, y)$: Franz hasst keinen Menschen;

(vii) $\forall x\, R(x, a)$: Alle Menschen hassen Franz;

(viii) $\forall y\, R(a, y)$: Franz hasst alle Menschen;

(ix) $\neg\, \forall y\, R(a, y)$: Franz hasst nicht alle Menschen;

(x) $\exists x\, R(x, a)$: Einige Menschen hassen Franz;

(xi) $\exists y\, R(a, y)$: Franz hasst einige Menschen.

(Ob wir den Existenzquantor lieber durch »(mindestens) einer« oder durch »einige« wiedergeben, ist eine stilistische Frage).

Wenn wir konkrete Aussagen mit mehrstelligen Prädikatoren und mehrfachen Quantifikationen prädikatenlogisch symbolisieren wollen und noch ungeübt sind, empfiehlt es sich, mit halbformalen Übersetzungen zu beginnen und dann in einem zweiten Schritt die logische Symbolisierung herzustellen (dabei müssen wir stets auf die Wahl des Gegenstandsbereiches (= GB) achten!). Hier sind einige Beispiele für dieses Verfahren:

(1) Peter liebt alle Frauen: Für jedes x gilt: wenn x eine Frau (F) ist, dann liebt (L) Peter alle x; symbolisch: $\forall x\ (F(x) \supset L(a, x))$
(2) Einige Männer lieben Barbara: Es gibt ein x, so dass gilt: x ist ein Mann (M), und x liebt (L) Barbara (b); symbolisch: $\exists x\ (M(x) \wedge L(x, b))$
(3) Alle Frauen lieben einen Mann (GB Menschen): Für jedes x gilt: wenn x eine Frau (F) ist, dann gibt es ein y, so dass gilt: y ist ein Mann (M), und x liebt (L) y; symbolisch: $\forall x\ \exists y\ (F(x) \supset (M(y) \wedge L(x, y)))$
(4) Peter sieht nichts (GB Menschen): Es gibt kein x, so dass gilt: Peter (a) sieht (S) x; symbolisch: $\neg\ \exists x\ S(a, x)$
(5) Niemand liebt Oskar (GB Menschen): Es gibt kein x, so dass gilt: x liebt (L) Oskar (o); symbolisch: $\neg\ \exists x\ L(x, o)$
(6) Zu jeder Regel gibt es eine Ausnahme (GB Regeln): Für alle x gilt: es gibt ein y, so dass y Ausnahme (A) zu x ist; symbolisch: $\forall x\ \exists y\ A(y, x)$
(7) Keine Zahl ist größer als alle Zahlen (GB Zahlen): Es gibt kein x, so dass für alle y gilt: x ist größer als (G) y; symbolisch: $\neg\ \exists x\ \forall y\ G(x, y)$
(8) Zu jeder Ursache gibt es eine Wirkung (2.74–2.77), aber nicht zu jedem Ereignis gibt es eine Ursache: Für alle x gilt: wenn x eine Ursache (U) ist, dann gibt es ein y, so dass gilt: y ist Wirkung (W) von x; und nicht für alle x gilt: wenn x ein Ereignis (E) ist, dann gibt es ein y, so dass gilt: y ist Ursache (U)

von x; symbolisch: $\forall x\ \exists y\ (U(x) \supset W(y, x)) \land \neg \forall x\ \exists y\ (E(x) \supset U(y, x))$ (im ersten Teilsatz dieses Satzes wird »Ursache« einstellig verwendet, im zweiten Teilsatz zweistellig).

Mit diesen Hinweisen auf Struktur und Ziel der Prädikatenlogik sowie auf einige der wichtigsten prädikatenlogischen Symbolisierungen schließen wir das Kapitel über die formale Logik ab. Den Kern der Prädikatenlogik, also das Verfahren, das über die prädikatenlogische Wahrheit von Sätzen und die prädikatenlogische Gültigkeit von Schlüssen entscheidet, können wir in dieser Einführung nicht mehr behandeln.

3. Anwendungen der Logik

Im vorigen Kapitel haben wir uns mit den elementarsten Grundlagen der beiden einfachsten Logikstufen, der Aussagenlogik und der Prädikatenlogik, beschäftigt. Bereits diese Grundlagen reichen aus, um deutlich zu machen, dass die formale Logik auf verschiedenen Gebieten in fruchtbarer Weise angewendet werden kann. Zur Illustration soll in diesem Kapitel skizziert werden, wie die Logik eingesetzt werden kann

(a) zur logischen Analyse philosophischer Argumente,
(b) zur Begründung der Mengenlehre,
(c) zur Fundierung der Computertechnologie
(d) und zur Definition des Kalkülbegriffes.

In einem Exkurs wollen wir uns abschließend noch das Beispiel eines sehr starken metalogischen Beweises (1.23) ansehen – den Beweis des Vollständigkeitssatzes für die Aussagenlogik.

Beispiele für logische Analysen philosophischer Argumente

Die folgenden Beispiele gehen von einer *interpretatorischen* Analyse der zitierten Textstellen aus und unterziehen diese Interpretation ihrerseits einer *logischen* Analyse. Die interpretatorische Analyse kann hier nicht am Text begründet werden. Im Folgenden geht es allein um den zweiten dieser Schritte, also um die logische Analyse – unter der Voraussetzung, dass die interpretatorische Analyse korrekt ist. Darum kann an dieser Stelle darauf verzichtet werden, die analysierten Stellen im Wortlaut zu zitieren. Andere Lesarten dieser Stellen würden natürlich alternative logische Analysen erforderlich machen.

Beispiel 1: Platon (428/27–348/47), *Laches* 192c–d: Widerlegung einer Definition der Tapferkeit

(1) These T: Tapferkeit ist seelische Beharrlichkeit (oder extensional: Eine Person ist tapfer genau dann, wenn sie seelisch beharrlich ist).
(2) Prämisse P1: Tapferkeit gehört zu den vortrefflichen Gegenständen (oder extensional: Wenn eine Person tapfer ist, ist sie vortrefflich).
(3) Prämisse P2: Seelische Beharrlichkeit mit Verstand ist vortrefflich, seelische Beharrlichkeit mit Unverstand ist nicht vortrefflich (oder extensional: Es gibt Personen, die seelisch beharrlich und vortrefflich sind, und es gibt Personen, die seelisch beharrlich und nicht vortrefflich sind).
(4) Folgerung: Aus P1 und P2 folgt die Falschheit von T.

Logische Symbolisierung des Argumentes:
T: $\forall x\, (T(x) \equiv B(x))$;
P1: $\forall x\, (T(x) \supset V(x))$;
P2: $\exists x\, (B(x) \wedge \neg V(x))$;

Aus T und P1 folgt logisch $\forall x\, (B(x) \supset V(x))$, im logischen Widerspruch (1.30 (a)) zu P2. Das Argument ist also prädikatenlogisch gültig.

Beispiel 2: Aristoteles (384–322), *Metaphysik* Buch IV: Indirekter Beweis (1.16) des Satzes vom Widerspruch

In diesem Text setzt sich Aristoteles mit zeitgenossischen Philosophen wie dem Sophisten Protagoras auseinander, die doch tatsächlich behaupten, dass der Satz vom Widerspruch (1.24 (2)) nicht gültig ist. Wesentlich für ein angemessenes Verständnis der aristotelischen Argumentation ist die These, dass aus einem logischen Widerspruch Beliebiges folgt. Wer also einen logischen Widerspruch behauptet, behauptet alles (oder nichts: denn alles zu behaupten bedeutet auch, jeden Satz und seine Negation zu behaupten). Diese These können wir aussagenlogisch folgendermaßen formulieren:

Die Aussageform

(*) $(p \land \neg p) \supset q$ (für mindestens einen bestimmten Satz p und einen beliebigen Satz q)

ist aussagenlogisch wahr.

Das ist in der Tat auch ohne Wahrheitswertanalyse sofort einsichtig. Denn der Wenn-dann-Satz (*) wird nach 1.32 (4) nur dann falsch, wenn es eine Wahrheitsannahme über (*) gibt, für die $(p \land \neg p)$ wahr und q falsch wird. Aber eine solche Wahrheitsannahme kann es nicht geben, weil es keine Wahrheitsannahme gibt, für die $(p \land \neg p)$ wahr wird; denn dieser logische Widerspruch wird offenbar sowohl für p = w als auch für p = f falsch.

In der Passage *Metaphysik* 1006a1–28 beginnt Aristoteles sein Argument mit einer *beweistheoretischen Anmerkung*:

T1: Es gilt der Satz vom Widerspruch, d. h. $\neg (p \land \neg p)$ ist logisch wahr (1.24 (2)).

T2: T1 ist nicht beweisbar.

T3: Die Bestreitung von T1 ist widerlegbar.

T4: T1 ist also genauer nur indirekt (nicht direkt) beweisbar.

Und dann folgt die *Widerlegung der Bestreitung von T1* (also nach T4 der indirekte Beweis von T1):

(1) Wer T1 bestreitet, behauptet $p \land \neg p$ für mindestens ein p.

(2) Wer $p \land \neg p$ für mindestens ein p behauptet, sagt damit nichts (»hebt die Rede auf«).

(3) Wer T1 bestreitet, sagt damit nichts.

(4) Wer nichts sagt, kann auch nichts bestreiten.

(5) Wer T1 bestreitet, kann nichts bestreiten.

(6) Wer T1 bestreitet, kann T1 nicht bestreiten.
(7) T1 kann nicht bestritten werden.
(8) T1 ist wahr.

Aristoteles benutzt hier einige logisch gültige Schlüsse:

(a) (1), (2) ⊢ (3) und (3), (4) ⊢ (5): Transitivität der Implikation (der Satz »$((p \supset q) \wedge (q \supset r)) \supset (p \supset r)$« ist aussagenlogisch wahr, wie man leicht überprüfen kann);
(b) (5) ⊢ (6): Allspezialisierung (1.15 (3)); (7) Umformulierung von (6);
(c) (7) ⊢ (8): Indirekter Beweis (1.16);
(d) die Kernthese (2) folgt aus (*), also daraus, dass »$(p \wedge \neg p) \supset q$« logisch wahr ist!

Beispiel 3: Die Falschheit des logischen Rationalismus

Ein verwandtes Argument bezieht sich auf eine bestimmte Variante des *Rationalismus*. Diese Position sagt, dass all unser Wissen – auch unser Wissen über die externe Welt – letztlich auf Vernunftwahrheiten beruht, die wir introspektiv (durch Betrachten der eigenen geistigen Zustände) und unabhängig von aller empirischen Erfahrung (4.183 (6)) einsehen können. Es liegt dann nahe, die Vernunftwahrheiten gerade als analytische oder logische Wahrheiten zu verstehen, denn diese Wahrheiten können wir, wie es scheint, unabhängig von aller empirischen Erfahrung einsehen. Wir können diese Auffassung den *logischen Rationalismus* nennen (der führende deutsche Philosoph der Aufklärung, Christian Wolff (1679–1754), hat diese Position der Sache nach vertreten). Bereits unser elementares aussagenlogisches Wissen reicht aus, um die *These des logischen Rationalismus* zu widerlegen. Diese Begründung läuft darauf hinaus, dass aus logisch wahren Sätzen nur logisch wahre Sätze logisch deduziert werden können – empirische Einsichten, die in Form von synthetischen

Sätzen formuliert werden, können also *nicht* aus Vernunftwahrheiten logisch abgeleitet werden. Die aussagenlogische Begründung für diese These ist einfach, aber stringent:

Seien die Sätze »p_1«, …, »p_n« aussagenlogisch wahr und sei Satz »q« nicht aussagenlogisch (sondern z. B. empirisch) wahr; dann gibt es eine Wahrheitsannahme W*, die alle Sätze »p_1«, …, »p_n« wahr und Satz »q« falsch macht. Für W* ist somit der Satz »p_1« ∧ … ∧, »p_n« ⊃ »q« falsch. Und das heißt, dass dieser Satz nicht aussagenlogisch wahr ist, und also ist auch der Schluss »$p_1, \ldots, p_n, \Rightarrow q$« nicht aussagenlogisch gültig.

Beispiel 4: Kant (1724–1804), Widerlegung des Idealismus (aus der *Kritik der reinen Vernunft*)

Zu zeigen:

(1) Wenn Person S sich dessen unbezweifelbar bewusst ist, dass sie selbst (also S) existiert, dann existieren Gegenstände im Raum außer S (Kant).

(2) Person S ist sich dessen unbezweifelbar bewusst, dass sie selbst existiert (Descartes).

(3) Also: Es existieren Gegenstände im Raum außer S, d. h., der Idealismus ist falsch.

Beweis von (1): Sei S eine beliebige Person:

(a) S ist sich dessen unbezweifelbar bewusst, dass ihr eigenes Dasein in der Zeit bestimmt ist.

(b) Die Bestimmung eines Daseins in der Zeit (als eines Daseins, das durch die Zeit läuft und in der Zeit wechselt) setzt die Wahrnehmung eines Beharrlichen voraus, relativ zu der das Dasein in der Zeit bestimmt werden kann.

(c) (Ergänzung): Die Wahrnehmung eines Beharrlichen wird von etwas Beharrlichem hervorgerufen.

(d) Dieses Beharrliche ist nicht in S.

(e) Also: Die Wahrnehmung eines Beharrlichen durch S wird durch ein Beharrliches außerhalb von S hervorgerufen.
(f) Dieses Beharrliche außerhalb von S sind Gegenstände im Raum außerhalb von S.
(g) Also: Es existieren Gegenstände im Raum außerhalb von S.

Hier ist (1), (2) ⊢ (3) ein Modus ponens (1.15); in den Übergängen von (b)–(e) steckt mehrmals die Transitivität der Implikation; mit (f) folgt dann aus (a) die antiidealistische These mit Modus ponens. Das Argument ist also ebenfalls logisch gültig, aber es überzeugt insgesamt natürlich nur, wenn seine Prämissen plausibel sind.

Beispiel 5: Hilary Putnams (* 1926) Gedankenexperiment der Gehirne im Tank (aus Putnam: *Vernunft, Wahrheit und Geschichte*, Kap. 1)

(1) Wenn ein Wesen W einen *echten Gedanken* mit dem Gehalt p hat (also wenn W *wirklich denkt*, dass p (der Fall ist)) und damit auf den externen Sachverhalt p referiert, dann muss W kausal mit dem externen Faktum p in Kontakt gekommen sein (dies ist einer der Grundsätze einer externalistischen Bedeutungs- und Gehalttheorie (3.150)).
(2) Gehirne im Tank haben niemals kausalen Kontakt mit externen Fakten gehabt.
(3) Gehirne im Tank haben keine echten Gedanken, die auf externe Sachverhalte referieren.
(4) Wenn Gehirne im Tank den Gedanken haben, dass p, dann referieren sie nicht auf den externen Sachverhalt p.
(5) Dass wirkliche Gehirne Gehirne im Tank sind, ist ein externer Sachverhalt.
(6) Wenn Gehirne im Tank denken, dass sie Gehirne

im Tank sind, dann haben sie nicht den echten Gedanken, dass sie Gehirne im Tank sind.
(7) Menschen können echt denken, Gehirne im Tank zu sein.
(8) Wenn ein Wesen den echten Gedanken hat, ein Gehirn im Tank zu sein, ist es kein Gehirn im Tank.
(9) Menschen sind keine Gehirne im Tank.

Logische Struktur des Argumentes (unter Abkürzung des Inhalts der Teilsätze und mit GT = Gehirn im Tank):
(1) x hat echte Gedanken (mit Gehalt) ⇒ x hat Kontakt mit der externen Welt
(2) x hat keinen kausalen Kontakt mit der externen Welt ⇒ x hat keine echten Gedanken
(3) x ist ein GT ⇒ x hat keinen kausalen Kontakt mit der externen Welt
(4) x ist ein GT ⇒ x hat keine echten Gedanken
(5) x ist ein GT ⇒ x hat nicht den echten Gedanken, dass x ein GT ist
(6) x ist ein Mensch ⇒ x kann den echten Gedanken haben, dass x ein GT ist
(7) x hat den echten Gedanken, dass x ein GT ist ⇒ x ist nicht ein GT
(8) x ist ein Mensch ⇒ x ist nicht ein GT

Hier folgt zunächst (2) aus (1) logisch aufgrund des gültigen Schlusses (*) »$p \supset q \vdash \neg q \supset \neg p$«. (3) ist Teil der Definition eines GT, also zulässige Prämisse. Dann folgt (4) aus (3) und (2) aufgrund des gültigen Schlusses (**) »$p \supset q, q \supset r \vdash p \supset r$«. (5) folgt aus (4) durch Allspezialisierung. (6) ist eine wahre Aussage über Menschen, ist also eine zulässige Prämisse. (7) folgt aus (5) wieder nach (*). Und (8) folgt aus (6) und (7) nach (**). Zumindest die logische Struktur des Argumentes ist also korrekt, so dass seine Überzeugungskraft wieder von der Plausibilität der Prämissen abhängt, insbesondere von der Plausibilität einer externalistischen Bedeutungstheorie. Offensichtlich mobilisiert das Argument diese Art von Bedeutungstheorie, um ältere Argumente zur Widerlegung des Idealismus neu zu formulieren.

Aussagenlogik und Mengenlehre

Die Mengenlehre ist ein unverzichtbarer Bestandteil der modernen Mathematik. Die Begründung der elementarsten Gesetze der Mengenlehre erfolgt im Rückgriff auf die Aussagenlogik:

Man definiert:

$\{x \mid P(x)\}$ = Die Menge aller x, für die gilt: P(x) (also: x ist P) (wobei »P« ein Prädikator ist)

Damit lassen sich die gewöhnlichen Mengenoperationen aussagenlogisch definieren:

$M \cap N = \{x \mid M(x) \wedge N(x)\}$ *(Schnittmenge)*
$M \cup N = \{x \mid M(x) \vee N(x)\}$ *(Vereinigungsmenge)*
$\overline{M} = \{x \mid \neg M(x)\}$ *(Komplementärmenge)*

Dann lassen sich elementare Gesetze der Mengenlehre aussagenlogisch beweisen, z. B.:

(i) $M \cap N = N \cap M$ *(Kommutativgesetz des Mengenschnittes)*
mittels der aussagenlogischen Wahrheit von
$(p \wedge q) \equiv (q \wedge p)$

(ii) $M \cap (N \cup O) = (M \cap N) \cup (M \cap O)$ *(Distributionsgesetz)*
mittels der aussagenlogischen Wahrheit von
$(p \wedge (q \vee r)) \equiv ((p \wedge q) \vee (p \wedge r))$

(iii) $\overline{M \cap N} = \overline{M} \cup \overline{N}$ (de Morgan)
mittels der aussagenlogischen Wahrheit von
$\neg (p \wedge q) \equiv (\neg p \vee \neg q)$

Der Beweis für (ii) sieht z. B. so aus:

(a) $M \cap (N \cup O) = \{x \mid M(x) \wedge N \cup O\,(x)\}$

(b) $\{x \mid M(x) \wedge N \cup O\,(x)\} =$
$\{x \mid M(x) \wedge (N(x) \vee O\,(x))\}$

(c) $\{x \mid M(x) \wedge (N(x) \vee O\,(x))\} =$
$\{x \mid (M(x) \wedge N(x)) \vee (M(x) \wedge O\,(x))\}$

(d) $\{x \mid (M(x) \wedge N(x)) \vee (M(x) \wedge O\,(x))\} =$
$\{x \mid (M \cap N\,(x)) \vee (M \cap O\,(x))\}$

(e) $\{x \mid (M \cap N\,(x)) \vee (M \cap O\,(x))\} =$
$(M \cap N) \cup (M \cap O)$

Die entscheidende Umformung und damit der Kern des Beweises ist (c), alle anderen Zeilen sind nur Reformulierungen mittels der aussagenlogischen Mengendefinitionen; und (c) ist genau eine Form des unter (ii) oben angegebenen aussagenlogisch wahren Satzes (im Beispiel (c) (viii) nach 1.32 haben wir einen logisch komplementären Satz durchgerechnet). Dass der unter (iii) oben angegebene Satz aussagenlogisch wahr ist, prüft man ähnlich, wie es oben in (c) (iii) nach 1.32 skizziert wurde, und die aussagenlogische Wahrheit des Satzes unter (i) oben ist trivial. Die Grundgesetze der Mengenlehre können also tatsächlich auf die Aussagenlogik zurückgeführt werden.

Aussagenlogik und Computertechnologie

Die Aussagenlogik kann auch auf die Analyse komplizierter Schaltungen von Stromkreisen angewendet werden, insbesondere auf extrem komplexe Schaltungen in Computern. Bereits Pioniere der Computerentwicklung wie Claude Shannon (1916–2001), der Begründer der mathematischen Informationstheorie und damit der Informatik, wies darauf hin, dass für die Entwicklung von Kommunikationsmitteln über komplexe Schaltungen unter anderem drei Fragen beantwortet werden müssen:

(i) Sind beliebige Aussagen in Schaltungen realisierbar?
(ii) Unter welchen Bedingungen fließt in einer komplexen Schaltung Strom?
(iii) Lassen sich komplexe Schaltungssysteme strukturell vereinfachen?

Für eine gute Antwort auf alle drei Fragen ist die Aussagenlogik unverzichtbar. Das wird sofort deutlich, wenn wir uns klar machen, dass die Wahrheit einer Behauptung »p« mit dem Fließen von Strom (der Schalter einer Leitung ist geschlossen) und daher die logische Negation mit dem Unterbrechen des Stroms (der Schalter einer Leitung ist offen) gleichgesetzt werden können. Darüber hinaus entspricht die logische Konjunktion einer Hintereinanderschaltung und die logische Disjunktion einer Parallelschaltung. Die Wahrheit der Konjunktion entspricht also dem Fließen von Strom in einer Hintereinanderschaltung (beide Schalter sind geschlossen), die Wahrheit der Disjunktion entspricht dem Fließen von Strom in einer Parallelschaltung (mindestens ein Schalter in der Parallelschaltung ist geschlossen).

Aufgrund dieser Zuordnungen sind tatsächlich beliebige Aussagen in Schaltungen realisierbar – jedenfalls alle Aussagen, die mit Junktoren aussagenlogisch symbolisiert werden können, denn nach 1.35 (3) sind alle Junktoren auf Negation, Konjunktion und Disjunktion reduzierbar (Frage (i)). Wenn wir eine beliebig komplexe Schaltung auf diese Weise aussagenlogisch symbolisiert haben, können wir mittels des aussagenlogischen Algorithmus entscheiden, unter welchen Bedingungen Strom fließt – nämlich unter all jenen Bedingungen, die durch die Wahrheitsannahmen gekennzeichnet sind, unter denen die komplexe Aussageform wahr wird (Frage (ii)). Und schließlich gibt es in der Aussagenlogik Verfahren, Aussageformen, die nur Negationen, Konjunktionen und Disjunktionen enthalten, übersichtlich darzustellen (nämlich in sogenannten Normalformen); dieses Verfahren können wir in diesem

Grundkurs nicht besprechen, aber es ist die Grundlage für eine positive Antwort auf Frage (iii).

Die aussagenlogische Interpretation von Stromschaltungen erleichtert auch die Konstruktion von Rechenmaschinen, beispielsweise von Volladdierern, wie sie in der Informatik konzipiert werden. Sie bestehen aus Schaltungen mit Eingängen und Ausgängen mit drei verschiedenen Gattern, die gewöhnlich mit »&«, »≥« und »= 1« bezeichnet werden. An die Eingänge werden hohe und niedrige Spannungen gelegt. Die niedrigen Spannungen kann man als Repräsentanten von 0 und die hohen als Repräsentanten von 1 auffassen. Folgen dieser Spannungen, z. B. »0001« oder »0011«, lassen sich dann als Bit-Muster interpretieren, die ihrerseits im Dualsystem als Zahlen gelesen werden können. Wenn die Gatter-Strukturen in der Schaltung in geeigneter Weise konstruiert werden, kommen an den Ausgängen Bit-Muster von Spannungen heraus, die z. B. die arithmetischen Summen der eingegebenen Bit-Muster darstellen. Für dieses Ergebnis ist die Definition, also die Funktionsweise der drei verschiedenen Gatter offensichtlich entscheidend. Wie werden die Gatter in diesem Fall definiert? Hier ist die Antwort:

E	E*	&
1	1	1
1	0	0
0	1	0
0	0	0

E	E*	≥
1	1	1
1	0	1
0	1	1
0	0	0

E	E*	= 1
1	1	0
1	0	1
0	1	1
0	0	0

Durch direkten Vergleich mit 1.32 (2), (3) und (6) sieht man, dass diese Definitionen exakt der Semantik der logischen Junktoren Konjunktion, Disjunktion und Kontravalenz entsprechen.

Axiomensystem und Kalkül

Die Entwicklung der formalen Logik hat der Idee einer *Axiomatisierung* und *Kalkülisierung* von Theorien und damit der Idee einer *möglichst transparenten Begründung* von Behauptungen *(Theoremen)* der Theorien zu mehr Klarheit verholfen. Auf der Grundlage der bisher entwickelten logischen Begrifflichkeit können wir auf einfache Weise definieren, was unter der *Axiomatisierung* und *Kalkülisierung* einer Theorie (allgemeiner: einer Menge von Sätzen) zu verstehen ist. Im Kern handelt es sich darum, eine Teilmenge zu finden, aus deren Sätzen alle restlichen Sätze der größeren Menge logisch folgen:

1.40 *Axiomatisierung einer Satzmenge*

Sei M eine Menge von Sätzen; dann gilt:
(1) Eine Einteilung von M in zwei Mengen A und B heißt *Axiomatisierung* von M, falls gilt:
(a) A und B sind Teilmengen von M (A ist *Teilmenge* von M, falls jedes Element von A auch Element von M ist);

(b) $A \cup B = M$;
(c) A und B sind disjunkt (d. h., ihr Mengenschnitt ist leer);
(d) Jeder Satz aus B folgt logisch aus Sätzen in A.

(2) Unter den Bedingungen von (1) heißt A *Axiomensystem* von M, jeder Satz aus A Axiom von M, B die *Menge der Theoreme* von M und M selbst *axiomatisiert* (oder *axiomatisierte Theorie*).

(3) Ein Axiomensystem heißt *widerspruchsfrei* genau dann, wenn es keinen logischen Widerspruch (1.30 (a)) enthält; und es heißt *unabhängig* genau dann, wenn kein Axiom aus anderen Axiomen logisch folgt.

Natürlich *sollten* Axiomensysteme widerspruchsfrei und unabhängig sein. Denn enthielte ein Axiomensystem einen Widerspruch, so ließe sich *jeder* Satz aus ihm ableiten, und die Satzmenge würde *nichts* behaupten. Und wäre ein Axiomensystem nicht unabhängig, sondern enthielte einen Satz, der aus den übrigen Axiomen logisch gefolgert werden könnte, dann wäre dieser Satz nach Definition überhaupt kein Axiom, sondern gehörte zu den Theoremen. Daher müssen wir vorgeschlagene Axiomensysteme stets auf Widerspruchsfreiheit und Unabhängigkeit prüfen.

Was ist die Pointe einer Axiomatisierung von Satzmengen und Theorien? Die Idee einer logischen Folgerung, d. h. die Idee eines logisch gültigen Schlusses impliziert, dass die Konklusion eines logisch gültigen Schlusses nicht mehr behaupten kann, als die Konjunktion der Prämissen behauptet. Denn nehmen wir an, die Konklusion enthielte eine Behauptung »q«, die über den Inhalt der Prämissen hinausginge; in diesem Fall könnten wir eine Wahrheitsannahme finden, die alle Prämissen wahr und »q« falsch macht; und damit wäre der Schluss nicht logisch gültig. Wenn man also eine Satzmenge axiomatisiert, dann enthalten die Axiome den gesamten Inhalt der Satzmenge. Die Axiomatisierung liefert uns also einen Überblick über den *gesamten* Behauptungsgehalt einer großen Satzmenge in Gestalt weniger Axiome. Und daher kann es sinnvoll sein zu versuchen, gegebene Theorien, deren Theoreme vielleicht nur zum Teil logisch geordnet sind, vollständig zu axiomatisieren.

Die Idee eines *Kalküls* und der *Kalkülisierung* einer Satzmenge oder Theorie geht über die Idee einer Axiomatisierung hinaus. Eine Theorie als Kalkül darzustellen hat vor allem das Ziel, den Aufbau der Theorie möglichst explizit und transparent zu machen. Die vollständige Transparenz einer Theorie verlangt nicht nur eine Axiomatisierung der Theorie, sondern auch eine Darstellung ihrer *Syntax* und *Semantik*. Die Syntax gibt im Wesentlichen die Zeichen und Zeichenfolgen der Theoriesprache an. Die Semantik liefert die Bedeutung dieser Zeichen und Zeichenfolgen:

1.41 *Kalkül*

Unter einem *Kalkül* versteht man einen möglichst expliziten und transparenten Aufbau einer Satzmenge oder Theorie M. Ein Kalkül enthält folgende Teile:

(1) *Syntax* von M:
 (i) die Angabe der sprachlichen Zeichen von M (das *Alphabet* von M),
 (ii) die Angabe der Formregeln zur Bildung zulässiger Zeichenfolgen (die *wohlgeformten Formeln* oder *Sätze* von M),
 (iii) die Angabe der Deduktionsregeln in M (Formen der *Erzeugung* von Sätzen aus anderen Sätzen von M),
 (iv) die Angabe des Axiomensystems von M (die *Axiomatisierung* von M (1.40)) und

(v) die Deduktion der Theoreme von M (aus (iv) gemäß (iii)).

(2) *Semantik* von M:

(i) die Zuordnung von Bedeutungen zu allen Zeichen der Syntax (*semantische Interpretation* der Syntax),

(ii) den Nachweis, dass die semantische Interpretation die Axiome wahr macht (d. h. dass die semantische Interpretation ein *semantisches Modell* des Axiomensystems und damit der gesamten Theorie ist),

(iii) den Nachweis, dass das Axiomensystem (und damit die gesamte Theorie) unter dem angegebenen semantischen Modell *widerspruchsfrei* ist, und

(iv) die Prüfung, ob das Axiomensystem unter dem angegebenen semantischen Modell *vollständig* ist (d. h. *alle* Theoreme der Theorie auch zu deduzieren gestattet).

Im Folgenden wollen wir uns zwei Beispiele für eine axiomatisierte und zum Teil kalkülisierte Theorie ansehen. Im ersten Beispiel geht es um die algebraische Gruppentheorie. An diesem Beispiel soll unter anderem deutlich werden, dass es verschiedene semantische Interpretationen und sogar verschiedene semantische Modelle einer Theorie geben kann. Das zweite Beispiel ist ein Kalkül der Aussagenlogik, der alle Punkte aus 1.41 bis auf Punkt (1) (v) erfüllt.

Die Theorie algebraischer Gruppen als Kalkül

Syntax:

(i) Menge M, Elemente a, b, c aus M, Operation • (Alphabet);

(ii) Formregel: a, b aus M können durch • verbunden werden zu a • b, derart, dass a • b in M ist; Erweiterung ggf. mit Klammern: (a • b) • c bzw. a • (b • c) usw.

(iii) Axiome: Jedem Paar (a, b) aus M wird eindeutig ein Element (a • b) aus M so zugeordnet, dass gilt:
A1 (a • b) • c = a • (b • c)
A2 Es gibt ein Element e aus M mit e • a = a für alle a aus M
A3 Zu jedem a aus G existiert ein a* aus M mit a • a* = e
A4 a • b = b • a

(iv) Die Deduktionsregeln sind (wie in jedem anderen nicht-logischen Axiomensystem auch) die logisch gültigen Schlüsse.

(v) Herleitung von Theoremen der Gruppentheorie

Semantik:

(i) Angabe von Bedeutungen für die Menge M und ihre Elemente sowie für die Operation •, also semantische Interpretationen der Syntax, z. B.
(a) M = Menge der ganzen Zahlen, • = Addition;
(b) M = Menge der reellen Zahlen, • = Multiplikation;
(c) M = Menge der ganzen Zahlen, • = Subtraktion

(ii) Auszeichnung der semantischen Modelle: Nur die Interpretationen (a) und (b) machen alle Axiome wahr, (c) dagegen macht z. B. die Axiome A1 und A4 falsch. Daher sind nur die Interpretationen (a) und (b) *semantische Modelle* der Gruppenaxiome.

(iii) Widerspruchsfreiheit: Die Axiome enthalten keine logischen Widersprüche, und die Deduktionsregeln (also die logisch gültigen Schlüsse) erzeugen keine logischen Widersprüche, also ist die Theorie widerspruchsfrei.
(iv) Vollständigkeit: Die Vollständigkeit der Gruppentheorie kann nicht bewiesen werden (es kann sogar bewiesen werden, dass die Vollständigkeit in diesem Fall nicht bewiesen werden kann).

Auch *logische* Theorien können axiomatisiert und kalkülisiert werden, beispielsweise die Aussagenlogik. Dabei macht man sich einen Gedanken zunutze, den wir im Zusammenhang mit der ersten Anwendung der Aussagenlogik kennen gelernt hatten: Aus logisch wahren Aussagen lassen sich nur logisch wahre Aussagen korrekt ableiten. Wenn man also wenige geeignete Satzformen zu Axiomen erklärt, die sich als logisch wahr auszeichnen lassen, und wenn man ein Ableitungssystem konstruiert, das die Wahrheit von Prämissen auf abgeleitete Konklusionen überträgt, dann kann man mit diesen Mitteln alle logisch wahren Sätze aus den Axiomen (1.40) abzuleiten versuchen. Sätze, die man auf diese Weise tatsächlich ableiten kann, sind dann garantiert logisch wahr.

Wir haben bisher nur den *aussagenlogischen Algorithmus* als Entscheidungsverfahren für die Prüfung auf logische Wahrheit und Gültigkeit kennen gelernt. Ein solcher Algorithmus existiert aber nur für die Aussagenlogik und die Prädikatenlogik, nicht aber für höhere Logik-Stufen, in denen auch über Prädikatorenvariable quantifiziert (1.28) wird und in denen noch weitere logische Zeichen verwendet werden, beispielsweise die Identität oder *modale Ausdrücke* wie »notwendig« oder »möglich«, die in der *Modallogik* vorkommen.

Wenn ein logischer Algorithmus (1.33) nicht zur Verfügung steht, muss man ein *Axiomensystem* für eine bestimmte Logik konstruieren, das es erlaubt, durch *Beweis aus den Axiomen* dieses Systems zu entscheiden, welche Sätze logisch wahr und welche Schlüsse logisch gültig sind. Derartige Axiomensysteme lassen sich auch für die Aussagenlogik und die Prädikatenlogik angeben. Für diese beiden Formen der Logik gibt es also zwei Verfahren für den Nachweis der logischen Wahrheit von Sätzen und der logischen Gültigkeit von Schlüssen: das algorithmische Entscheidungsverfahren und die Axiomatisierung und Kalkülisierung.

Zur Illustration geben wir zum Abschluss dieses Kapitels einen aussagenlogischen Kalkül an.

Der aussagenlogische Kalkül K

1. Syntax von K

(i) Das *Alphabet* von K enthält folgende Zeichen (dabei sind die Buchstaben »A«, »B« und »C« metasprachliche Namen für Formeln des Kalküls und stehen daher nicht in Anführungszeichen):
  (a) A, B, C … (Schemabuchstaben),
  (b) ¬, ⊃ (logische Zeichen),
  (c) (,) (Klammern).

(ii) *Sätze (wohlgeformte Formeln)* von K sind Zeichenfolgen von K, die folgenden Regeln genügen:
  (a) Jeder Schemabuchstabe ist ein Satz in K.
  (b) Sind A und B Sätze in K, so sind auch ¬ A und (A ⊃ B) Sätze in K.

(iii) *Axiome* von K sind Sätze aus K, die eine der folgenden Formen haben:
  A1 A ⊃ (B ⊃ A)
  A2 (A ⊃ (B ⊃ C)) ⊃ ((A ⊃ B) ⊃ (A ⊃ C))
  A3 (A ⊃ B) ⊃ (¬ B ⊃ ¬ A)

(iv) Die *Deduktionsregel D* von K lautet: Aus den Sätzen der Formen A und (A ⊃ B) kann man den Satz der Form B gewinnen.

(v) *Syntaktischer Beweis, syntaktische Ableitung, Deduktion von weiteren Sätzen in K:*

(a) Eine Formel B ist *syntaktisch bewiesen*, wenn wir eine Reihe von Sätzen aus K hinschreiben können, deren letzter Satz B ist und für die gilt, dass jeder ihrer Sätze entweder Axiom von K ist oder aus vorherigen Sätzen durch Deduktionsregel D gewonnen ist.

(b) Eine Formel B ist *syntaktisch abgeleitet* aus Formeln A, wenn wir eine Reihe von Sätzen aus K hinschreiben können, deren letzter Satz B ist und für die gilt, dass jeder ihrer Sätze entweder Axiom von K ist oder eine der Formeln A ist oder aus vorherigen Sätzen durch Deduktionsregel D gewonnen ist.

An diesem Punkt könnten die Deduktionen von Theoremen in Gestalt von syntaktischen Beweisen und Ableitungen beginnen. Im Rahmen der Syntax würde es sich jedoch nur um Zeichenfolgen handeln, die noch keinerlei Bedeutung hätten. Wir könnten z. B. noch nicht sagen, ob es sich um aussagenlogisch wahre Sätze bzw. um aussagenlogisch gültige Schlüsse handelt. Es handelte sich vielmehr um ein reines Spiel mit Symbolen. Natürlich soll dann in der Semantik von K ein semantisches Modell der Syntax und insbesondere der Axiome angegeben werden, das die deduzierten Formeln tatsächlich zu aussagenlogisch wahren Sätzen bzw. zu aussagenlogisch gültigen Schlüssen macht.

Hier ist jeweils ein Beispiel für einen syntaktischen Beweis und eine syntaktische Ableitung (die Begründung steht jeweils in der Zeile unter der Formel):

Behauptung: Die Formel $A \supset A$ kann in K bewiesen werden.

Beweis:

(1) $A \supset ((B \supset A) \supset A)$
Axiom A1 (B durch $B \supset A$ ersetzt)
(2) $(A \supset ((B \supset A) \supset A)) \supset ((A \supset (B \supset A)) \supset (A \supset A))$
Axiom 2 (B durch $B \supset A$ und C durch A ersetzt)
(3) $(A \supset (B \supset A)) \supset (A \supset A)$
Durch D aus (1) und (2) gewonnen
(4) $A \supset (B \supset A)$
Axiom A1
(5) $A \supset A$
Durch D aus (3) und (4) gewonnen

Behauptung: Die Formel $A \supset B$ kann in K aus der Formel $\neg A$ abgeleitet werden.

Beweis:

(1) $\neg A \supset (\neg B \supset \neg A)$
Axiom A1 (A durch $\neg A$ und B durch $\neg B$ ersetzt)
(2) $\neg A$
Prämisse
(3) $(\neg B \supset \neg A)$
Durch D aus (1) und (2) gewonnen
(4) $(\neg B \supset \neg A) \supset (A \supset B)$
Axiom 3 (A durch B und B durch A ersetzt)
(5) $A \supset B$
Durch D aus (3) und (4) gewonnen

Auf diese Weise können viele weitere Formeln syntaktisch bewiesen oder abgeleitet werden. Damit wir diese Formeln aber als logisch wahr oder gültig ansehen können, muss die Semantik des Kalküls angegeben werden.

2. Semantik von K

2.1. Die *Semantik der Aussagenlogik* gibt die Bedeutung der logischen Junktoren an und wird, wie wir wissen, aus der sprachlichen Funktion der Junktoren entwickelt. Eine pointierte Darstellung dieser Semantik, wie wir sie in Form der Wahrheitstabellen (1.32) schon kennen gelernt haben, ist die Beschreibung der Junktoren als *Wahrheitsfunktionen* (zu dem hier gebrauchten Funktionsbegriff im mathematischen Sinne 2.81).
Beispiele:

(i) Die Negation »nicht« (¬) ist eine Funktion, die den Sätzen mit dem Wahrheitswert (= WW) »wahr« (= w) den WW »falsch« (= f) und den Sätzen mit dem WW »f« den WW »w« zuordnet.

(ii) Die Konjunktion »und« (∧) ist eine Funktion, die dem Satz »p ∧ q« den WW »w« zuordnet, falls »p« und »q« beide den WW »w« haben; ansonsten ordnet die Konjunktion dem Satz »p ∧ q« den WW »f« zu.

(iii) Die Disjunktion »oder« (∨) ist eine Funktion, die dem Satz »p ∨ q« den WW »f« zuordnet, falls »p« und »q« beide den WW »f« haben; ansonsten ordnet die Disjunktion dem Satz »p ∨ q« den WW »w« zu.

(iv) Die Implikation »wenn – dann« (⊃) ist eine Funktion, die dem Satz »p ⊃ q« den WW »f« zuordnet, falls »p« den WW »w« und »q« den WW »f« hat, ansonsten ordnet die Implikation dem Satz »p ⊃ q« den WW »w« zu.

Wir müssen allerdings beachten, dass die Wahl der Interpretation der logischen Zeichen grundsätzlich *frei* ist. Wir *könnten* z. B. der Implikation einfach die Interpretation (w, w) → w, (w, f) → w, (f, w) → f, (f, f) → f geben. Aber unter dieser Interpretation werden nicht alle Axiome logisch wahr, z. B. wird A1 unter mindestens einer Wahrheitsannahme unter der alternativen Interpretation falsch (nämlich für p = f, q = w). In der Logik sind nur jene Interpretationen *semantische Modelle* der syntaktisch formulierten Axiomensysteme, die die Axiome (logisch) wahr machen (vgl. 1.41 (2)(ii)). Die Interpretationen (i)–(iv) sind ein solches semantisches Modell. Dies können wir nach Angabe der Semantik mit Wahrheitswertanalyse durchrechnen.

2.2. Die Semantik von K lässt sich nun in Analogie zu (i)–(iv) oben in kurzer Form durch Zuordnung von Bedeutungen zu den syntaktischen Zeichen ¬ und ⊃ folgendermaßen angeben:

(Df1) Eine einstellige Funktion V heißt *Bewertung*, falls gilt:
- (i) Definitionsbereich von V ist die Menge der Sätze von K, Wertebereich die Menge {w, f}
- (ii) V (¬ A) = w gdw V (A) = f, und V (A ⊃ B) = w gdw V (A) = f oder V (B) = w

(T1) V ist für beliebig viele Sätze von K definiert.

(Df2)
- (i) Ein Satz A in K heißt *erfüllbar* gdw eine Bewertung V mit V (A) = w existiert.
- (ii) A heißt *aussagenlogisch wahr*, gdw alle Bewertungen ihn erfüllen.
- (iii) Ein Schluss $A_1, \ldots, A_n \vdash B$ heißt *aussagenlogisch gültig*, gdw für jede Bewertung V mit $V(A_1) = \ldots = V(A_n) = w$ auch V (B) = w gilt.

(Df1) und (Df2) führen die aussagenlogische Semantik ein: die Wahrheitstafeln für Negation und Implikation werden beschrieben (und diese Junktoren reichen, wie wir wissen, auch aus, vgl. 1.35 (3)); die einzigen neu eingeführten Ausdrücke sind die Begriffe der Bewertung und der Erfüllung, aber der Sache nach kennen wir diese Begriffe schon. Eine Bewertung ist eine Wahrheitsannahme über Sätze des Kalküls unter der angegebenen Semantik, und ein Satz ist erfüllbar genau dann, wenn mindestens eine Bewertung (Wahrheitsannahme) ihn wahr macht.

2.3. Wenn wir unter dieser Semantik die drei Axiome durchrechnen, zeigt sich, dass sie aussagenlogisch wahr sind. Mit (Df1) und (Df2) ist folglich ein semantisches Modell für die Syntax von K angegeben.

Es bleiben noch zwei Punkte zu klären: Wir müssen zeigen, dass Kalkül K zum einen widerspruchsfrei und zum anderen vollständig ist. Es ist nicht weiter schwer, Widerspruchsfreiheit nachzuweisen. Aber die Vollständigkeitsbehauptung ist sehr stark – sie ist tatsächlich die stärkste Behauptung, die man über einen Kalkül überhaupt machen kann. Denn wir müssen ja beweisen, dass wir im Kalkül K *jeden* der unendlich vielen aussagenlogisch wahren Sätze und *jeden* der unendlich vielen aussagenlogisch gültigen Schlüsse, die es gibt und die wir als endliche Wesen natürlich nicht alle faktisch beweisen oder ableiten können, im Prinzip in K beweisen oder ableiten könnten! Es wird niemanden verwundern, dass ein Beweis einer derart starken Behauptung ein wenig länger und komplizierter ist (daher wird dieser Beweis auch zum Teil erläutert).

2.4. Widerspruchsfreiheit und Vollständigkeit eines Kalküls

(Df3) Ein Kalkül heißt

(i) *widerspruchsfrei* gdw gilt: Ist ein Satz A im Kalkül beweisbar, so ist A logisch wahr

(ii) *widerspruchsfrei im engeren Sinne* (abgekürzt: i. e. S.) gdw gilt: Ist B im Kalkül aus $A_1, \ldots, A_n$ ableitbar, so ist der Schluss $A_1, \ldots, A_n \vdash B$ logisch gültig.

(iii) *vollständig* gdw gilt: Ist Satz A logisch wahr, so ist A im Kalkül beweisbar.
(iv) *vollständig* im engeren Sinne gdw gilt: Ist der Schluss $A_1, \ldots, A_n \vdash B$ logisch gültig, so ist B im Kalkül aus $A_1, \ldots, A_n$ ableitbar.

(Df3) führt die Begriffe der Widerspruchsfreiheit und Vollständigkeit in zweifacher Weise ein – für den engeren Begriff des Beweises und für den weiteren Begriff der Ableitung: ein Beweis ist eine Ableitung mit null Prämissen. Im Allgemeinen gilt aber: Widerspruchsfreiheit bedeutet, dass *nur* gültige Schlüsse im Kalkül ableitbar sind; Vollständigkeit bedeutet demgegenüber, dass *alle* gültigen Schlüsse (unendlich viele, darunter unendlich viele, die niemals irgendein Mensch formulieren wird!) im Kalkül ableitbar sind.

2.5. Widerspruchsfreiheit und Vollständigkeit von K

(T2) Kalkül K ist (aussagenlogisch) widerspruchsfrei und widerspruchsfrei im engeren Sinne.

Beweis: Die Axiome (A1)–(A3) von K sind aussagenlogisch wahr, und sind A und $A \supset B$ aussagenlogisch wahr, so auch B. Erfüllt ferner eine Bewertung V die Sätze $A_1, \ldots, A_n$, so erfüllt V auch jeden aus $A_1, \ldots, A_n$ und (A1)–(A3) mittels (MP) gewonnenen Satz.

Theorem (T2) enthält den schnellen und einfachen Widerspruchsfreiheitsbeweis: Wir können mittels Wahrheitswertanalyse sofort zeigen, dass die Axiome A1–A3 aussagenlogisch wahr sind und dass der Modus ponens (1.15), also die Schlussregel des Kalküls, aussagenlogisch gültig ist. Aus A1–A3 können mit dem Modus ponens daher nur weitere aussagenlogisch wahre Sätze abgeleitet werden. Also kann durch den Modus ponens aus aussagenlogisch wahren Sätzen wie A1–A3 kein logischer Widerspruch abgeleitet werden.

Jetzt beginnen wir mit den Vorbereitungen für den Vollständigkeitsbeweis.

(Df 4) Eine Satzmenge M heißt *konsistent*, falls es keinen Satz B mit $M \vdash B \wedge \neg B$ gibt.

(T3) Gilt die Ableitung $A_1, \ldots, A_n \vdash B$ in K nicht, so ist $\{A_1, \ldots, A_n, \neg B\}$ konsistent.

Beweis: Sei $\{A_1, \ldots, A_n, \neg B\}$ nicht konsistent, dann gibt es ein C mit $A_1, \ldots, A_n, \neg B \vdash \neg (C \supset C)$; dann gilt auch $A_1, \ldots, A_n \vdash \neg B \supset \neg (C \supset C)$, d. h. mit (A3) auch $A_1, \ldots, A_n \vdash (C \supset C) \supset B$, und daher, da $C \supset C$ Theorem ist, auch $A_1, \ldots, A_n \vdash B$.

(Df5) Eine Satzmenge M heißt *maximal konsistent*, falls M konsistent ist und für jeden Satz A mit $A \notin M$ die Menge $M \cup \{A\}$ nicht konsistent ist.

(Df4) sagt einfach, was eine konsistente Satzmenge ist – nämlich eine Satzmenge, die keinen logischen Widerspruch (1.30 (a)) impliziert.

(T3) ist ein indirekter Beweis, der mit der Voraussetzung beginnt, dass der Nachsatz des Theorems (der So-Satz) falsch ist. Unter dieser Voraussetzung wird dann gezeigt, dass auch der Vordersatz des Theorems falsch sein muss. Damit ist das Theorem bewiesen, und zwar nach dem aussagenlogisch gültigen Schluss $(\neg B \supset \neg A) \vdash (A \supset B)$. Im indirekten Beweis selbst wird damit gearbeitet, dass die beiden Formeln $(C \wedge \neg C)$ sowie $\neg (C \supset C)$ logisch äquivalent sind (dies kann man durch Wahrheitswertanalyse sofort feststellen). Außerdem wird die Einsicht genutzt, dass wenn eine Ableitung $A_1, \ldots, A_n, B \vdash C$ logisch gültig ist, auch die Ableitung $A_1, \ldots, A_n \vdash B \supset C$ logisch gültig ist: man kann also eine Prämisse mit Implikation in die Konklusion hineinziehen. Das kann man sich am einfachsten wieder mit einem indirekten Beweis klarmachen: Wenn die Ableitung $A_1, \ldots, A_n \vdash B \supset C$ *nicht* logisch gültig ist, dann gibt es irgendeine Wahrheitsannahme, nennen wir sie W*, die die Prämissen $A_1, \ldots, A_n$ sämtlich wahr und die Konklusion $B \supset C$ falsch macht. Nach der Semantik der Implikation macht W* dann insbesondere B wahr und C falsch; aber das heißt gerade, dass W* auch sämtliche Prämissen der Ableitung $A_1, \ldots, A_n, B \vdash C$ wahr und ihre Konklusion C falsch macht, d. h., dass diese letztere Ableitung ebenfalls *nicht* logisch gültig ist.

(Df5) definiert eine maximal konsistente Satzmenge, also eine Satzmenge, die selbst keinen logischen Widerspruch enthält, aber durch Hinzunahme auch nur eines einzigen weiteren Satzes widersprüchlich wird.

(T4) Zu jeder konsistenten Menge M von Sätzen aus K gibt es eine maximal konsistente Menge M' von Sätzen aus K mit $M \subseteq M'$.

Beweis: Sei M eine konsistente Menge, und seien alle Sätze aus K durchnummeriert; H sei eine Folge von Satzmengen $M_1, M_2, M_3 \ldots$, für die gilt: $M_1 = M$, und ferner:

$$M_{n+1} = \begin{cases} M_n \text{ gdw } M_n \cup \{A_{n+1}\} \text{ nicht konsistent ist} \\ M_n \cup \{A_{n+1}\} \text{ gdw diese Menge konsistent ist} \end{cases}$$

H ist dann eine Folge konsistenter Satzmengen. Es sei nun $M' = \bigcup_{n \in N} M_n$; dann ist M' maximal konsistent, und es gilt $M \subseteq M'$. Denn:

(a) Sei $M_i \in H$; dann gilt: $A \in M_i \supset A \in \bigcup_{n \in N} M_n = M'$, also $M \subseteq M'$ wegen $M = M_1$

(b) M' ist konsistent; denn sei M' nicht konsistent, dann gäbe es Sätze $A_1, \ldots, A_k \in M'$ und ein $B \in K$ mit $A_1, \ldots, A_n \Rightarrow B \wedge \neg B$; für genügend großes n gibt es aber ein $M_n \subseteq M$ mit $A_1, \ldots, A_k \in M_n$; dann aber wäre M_n inkonsistent, gegen die Voraussetzung.

(c) M' ist maximal konsistent. Denn sei für $A_j \in K$ die Menge $M' \cup \{A_j\}$ konsistent; dann gibt es keine Sätze $A_1, \dots, A_k \in M' \cup \{A_j\}$, also insbesondere auch nicht aus $M_i \cup \{A_j\}$, so dass gilt $A_1, \dots, A_n \Rightarrow B \wedge \neg B$; also ist $M_i \cup \{A_j\}$ konsistent; d. h. $M_{i+1} = M_i \cup \{A_j\}$ und damit wegen $M_{i+1} \subseteq M'$ $A_j \in M'$.

(T5) Zu jeder maximal konsistenten Menge M' von Sätzen aus K existiert eine Bewertung, die alle Sätze aus M' erfüllt.

Beweis: (1) Sei M' maximal konsistent, A ein Satz aus K und W eine Wahrheitsfunktion W, für die gilt: $A \in M'$ gdw $W(A) = w$ und $A \notin M'$ gdw $W(A) = f$; dann erfüllt W alle Sätze aus M', wenn W eine Bewertung gemäß (Df1) ist. Zu zeigen ist also
$W(\neg A) = w$ gdw $W(A) = f$:

Beweis: (i) Sei $W(\neg A) = w$; dann ist $\neg A \in M'$. Daraus folgt: $A \in M'$; denn gälte auch $A \in M$, so folgt $A \wedge \neg A \in M'$, also $M' \vdash A \wedge \neg A$, d. h., M' wäre inkonsistent gegen die Voraussetzung. Also gilt $A \notin M'$, damit $W(A) = f$.

(ii) Sei $W(A) = f$; dann gilt $A \notin M'$. Daraus folgt: $\neg A \in M'$; denn sei $\neg A \notin M'$, dann ist, weil M' maximal konsistent ist, $M' \cup \{\neg A\}$ inkonsistent, d. h. es gibt ein B mit $M', \neg A \vdash B \wedge \neg B$ oder $M', \neg A \vdash \neg (B \supset B)$; daraus folgt $M' \vdash \neg A \supset \neg (B \supset B)$ und mit (A3) $M' \vdash (B \supset B) \supset A$ und $M' \vdash A$ oder $A \in M'$, gegen die Voraussetzung. Also ist $\neg A \in M'$, damit $W(\neg A) = w$.

(2) $W(A \supset B) = w$ gdw $W(A) = f$ oder $W(B) = w$:

Beweis: (i) Sei $W(A \supset B) = w$; dann ist $A \supset B \in M'$. Daraus folgt: es gilt nicht zugleich $A \in M'$ und $B \notin M'$; denn mit $A \in M'$ und $A \supset B \in M'$ ist auch $B \in M'$, da aus

$W(A) = w$ und $W(A \supset B) = w$ mit Modus ponens $W(B) = w$ folgt. Also gilt $A \notin M'$ oder $B \in M'$, d. h., $W(A) = f$ oder $W(B) = w$.

(ii) Sei $W(A) = f$ oder $W(B) = w$; aus $W(A) = f$ folgt $\neg A \in M'$, damit wegen $\neg A \vdash A \supset B$ in K auch $A \supset B \in M'$, also $W(A \supset B) = w$.
Aus $W(B) = w$ folgt $B \in M'$; damit wegen (A1) und Modus ponens auch $A \supset B \in M'$, da aus $W(B) = w$ und $W(B \supset (A \supset B))$ mit Modus ponens auch $W(A \supset B) = w$ folgt. Also ist in der Tat $W(A \supset B) = w$.

(T4) ist ein Kernstück des gesamten Beweises, und der Beweis von (T4) sieht fürchterlich kompliziert aus. Aber im Grunde ist der Gedanke einfach. Wenn wir nämlich eine bestimmte gegebene konsistente Satzmenge haben (das M), dann können wir daraus eine Folge weiterer konsistenter Satzmengen konstruieren, indem wir alle Sätze außerhalb von M der Reihe nach vornehmen und untersuchen, ob die Hinzunahme des Satzes die vorige Menge inkonsistent macht oder nicht. Ist dies der Fall, sondern wir die größere Menge aus, wenn nicht, haben wir eine um einen Satz erweiterte konsistente Satzmenge gefunden. Und so machen wir weiter, bis wir keinen Satz mehr haben, dessen Hinzunahme die letzte Menge konsistent bleiben lässt. Wenn wir nun alle diese konsistenten Mengen vereinigen, dann ist diese große Menge (das M') schlicht und einfach aufgrund ihrer Konstruktion natürlich konsistent und sogar maximal konsistent. Man könnte sagen, der Trick des Beweises ist es, eine Konstruktion anzugeben, die genau diese Konsequenz hat; und diese Konstruktion ist natürlich überaus naheliegend.

Der Beweis zu (T5) sieht erneut entsetzlich kompliziert aus. Aber tatsächlich ist die Behauptung und ihre Begründung so einfach, dass sie schon fast trivial ist. Denn (T5) behauptet, dass die maximal konsistente Menge, die wir in (T4) konstruiert hatten, erfüllbar ist. Aber diese Erfüllbarkeit ist doch offensichtlich! Denn diese Menge ist ja konsistent, d. h. enthält keinen Widerspruch, und *das heißt gerade*, dass es mindestens eine Wahrheitsannahme über diese sehr große Menge geben muss, die alle Sätze in ihr wahr macht. Und dies ist die geforderte Bewertung, die alle Sätze dieser Menge erfüllt.

Endlich fällt uns der unglaublich starke Vollständigkeitsbeweis in Gestalt des simplen Beweises von (T6) wie eine reife Frucht in den Schoß. Der Beweis ist wieder indirekt. Gezeigt werden soll ja, dass wenn ein Schluss A_1 …, $A_n \vdash B$ aussagenlogisch gültig ist, er in unserem Kalkül auch eine gültige Ableitung ist. Das ist gerade die Vollständigkeitsbehauptung. Diese Behauptung ist bewiesen, wenn man zeigen kann, dass wenn die Ableitung A_1 …, $A_n \vdash B$ in unserem Kalkül nicht gilt, der entsprechende Schluss auch nicht aussagenlogisch gültig ist. Und dass wiederum dieses Argument gilt, lässt sich durch das Heranziehen der schon bewiesenen Hilfstheoreme (T3), (T4) und (T5) in schöner Reihenfolge auf das Einfachste sehen:

(T6) Der Kalkül K ist aussagenlogisch vollständig im engere Sinne

Beweis: Gelte die Ableitung A_1, …, $A_n \vdash B$ in K nicht; dann ist nach (T3) die Menge $\{A_1 \ldots, A_n, \neg B\}$ konsistent. Nach (T4) existiert zu dieser Menge eine maximal konsistente Menge M' mit A_1 …, A_n, $\neg B \in$ M', und nach (T5) existiert dann eine Bewertung W, die alle Sätze von M' erfüllt, insbesondere also auch die Sätze A_1 …, A_n, $\neg$ B. Also gilt $W(A_1 \wedge \ldots \wedge A_n) = W(A_1) = \ldots = W(A_n) = w$, und $W(B) = f$, d. h., der Schluss A_1 …, $A_n \vdash B$ ist in K nicht aussagenlogisch gültig.

Übungen

Vorbemerkung: Die Lösungen der Übungsaufgaben sollten möglichst prägnant formuliert werden. Reine Ja-Nein-Antworten reichen allerdings nicht aus. Die Antworten sollten stets unter Bezugnahme auf die entsprechenden Explikationen im Haupttext begründet werden.

Am Ende jedes der 16 Kapitel werden jeweils drei der einflussreichsten Artikel oder Buchkapitel zum Thema des Kapitels angegeben. Diese Originalarbeiten können bei der Durcharbeit des Grundkurses zusätzlich mit Gewinn gelesen werden. Sie können aber auch als Grundlage von jeweils drei weiteren Übungsaufgaben betrachtet werden, die sämtlich eine Analyse der Texte im Umfang von 3 bis 6 Seiten zum Inhalt haben. Die Texte werden daher mit einer AN-Nummerierung (AN für Analyse) den übrigen Übungsaufgaben hinzugefügt.

Als Beispiel sei hier die Analyse eines Aufsatzes von Willard van Orman Quine (1908–2000) angefügt, der für den Angriff auf die grundlegendsten Prämissen des logischen Empirismus von großer Bedeutung war:

Analyse von: Quine, W. v. O.: Zwei Dogmen des Empirismus. In: W. v. O. Q.: Von einem logischen Standpunkt. Frankfurt a. M. / Berlin 1979. S. 9–25.

Einleitung: Zwei der wichtigsten Grundsätze (»Dogmen«) des Empirismus sind:

(a) Es gibt eine grundlegende Kluft zwischen analytischen Sätzen, deren Wahrheit auf Bedeutungen beruht, und synthetischen Sätzen, deren Wahrheit auf *Tatsachen* (= Ereignisse, Zustände oder Vorgänge) beruht.

(b) Jede sinnvolle Aussage ist einem logischen Konstrukt aus empirischen Begriffen äquivalent.

These: Die Grundsätze (a) und (b) sind schlecht fundiert.

A Zu Grundsatz (a)

1. Klassische Versuche, Analytizität zu erläutern

(i) Hume unterschied Ideenrelationen von Tatsachen; Leibniz unterschied Verstandeswahrheiten von empirischen Wahrheiten – Vorläufer von Grundsatz (a). Ihr zentrales Kriterium war:
(K1) Ein Satz ist analytisch, wenn er unmöglich falsch sein kann, d. h., wenn seine Negation widersprüchlich ist (»analytisch« bedeutet hier und im Folgenden »analytisch wahr«).

Problem: K1 führt nicht weiter, da es auf dem Widerspruchsbegriff beruht, der seinerseits erklärungsbedürftig ist.

(ii) Kant unterschied bereits explizit zwischen analytischen und synthetischen Sätzen. Sein Kriterium für Analytizität ist: Ein Satz ist analytisch, wenn sein Prädikat in seinem Subjekt enthalten ist. Recht verstanden heißt das:
(K2) Ein Satz ist analytisch, wenn er aufgrund von Bedeutungen (und unabhängig von Tatsachen) wahr ist.

2. Diskussion von Analytizität gemäß K2

Seit Frege ist die Unterscheidung zwischen Benennung (Referenz) und Bedeutung ein Gemeinplatz. Im Falle von singulären Termen kann der Gegenstand, auf den sie referieren, von ihrer Bedeutung unterschieden werden; im Falle von generellen Termen kann ihre Extension (die Klasse aller Gegenstände, auf die sie zutreffen) von ihrer Bedeutung unterschieden werden.

Problem mit K2: Es bleibt unklar, was für Entitäten Bedeutungen sind. Synonymie und Analytizität scheinen daher in einer Bedeutungstheorie besser dafür geeignet zu sein zu erläutern, was Bedeutungen sind, als umgekehrt.

3. Logische Erläuterungen von Analytizität
   (i) In der Logik wird versucht, analytische Sätze ohne Rückgriff auf Bedeutungen zu erläutern. Für eine Unterklasse analytisch wahrer Sätze, die logisch wahren Sätze, gilt:
   (K3) Ein Satz ist logisch wahr, wenn er unter allen Uminterpretationen seiner nicht-logischen Ausdrücke wahr bleibt.
   Für die analytischen Sätze im weiteren Sinne gilt dann:
   (K4) Ein Satz ist analytisch wahr, wenn er bei einer Ersetzung seiner nicht-logischen Ausdrücke durch synonyme Ausdrücke wahr bleibt.
   Problem mit K4: Der für die Erläuterung verwendete Begriff der Synonymität ist mindestens ebenso erläuterungsbedürftig wie der Begriff der Analytizität.
   (ii) Carnaps Kriterium für Analytizität:
   (K5) Eine Zustandsbeschreibung ist eine Wahrheitsannahme über alle atomaren Sätze; ein Satz ist dann analytisch wahr, wenn er für alle Zustandsbeschreibungen (d. h. in allen möglichen Welten) wahr ist.
   Problem mit K5: Das Kriterium gilt nur für logische Wahrheit, ist also eine Alternative zu K3, nicht aber eine Alternative zu K4. Denn K5 muss, wie in der Logik, die Unabhängigkeit der atomaren Aussagen voneinander voraussetzen, d. h., außerlogische Synonympaare (wie etwa »Junggeselle« und »unverheirateter Mann«) dürfen nicht auftauchen. Denn andernfalls gäbe es z. B. eine Zustandsbeschreibung,

für die die Sätze »John ist Junggeselle« und »John ist verheiratet« wahr sind. Daraus würde logisch folgen, dass der Satz »Kein Junggeselle ist verheiratet« unter dieser Zustandsbeschreibung falsch wird und daher nach K5 synthetisch ist. Und das ist absurd.

4. Zur Rückführbarkeit von allen analytischen Wahrheiten auf logische Wahrheiten

(i) Unser Problem wäre gelöst, könnte man alle analytischen Wahrheiten auf logische Wahrheit reduzieren. Diese Möglichkeit wurde tatsächlich mit folgender These behauptet:
(T1) Alle analytischen Wahrheiten lassen sich mit Hilfe geeigneter Definitionen auf logische Wahrheiten zurückführen (z. B. die analytische Wahrheit »Menschen sind Lebewesen« mittels der Definition »Menschen sind vernünftige Lebewesen« auf die logische Wahrheit »Vernünftige Lebewesen sind Lebewesen«).
Problem mit T1: Die These trifft für die wichtigsten Arten der Definition (lexikographische, explikative, stipulative und formale Definition) nicht zu:
- Lexikographischen Definitionen der Form »A: = D« (wo »D« das Definiens ist) beruhen auf der Analyse des Sprachgebrauchs von »A« und »D« und behaupten aufgrund dieser Analyse gerade die Synonymie von »A« und »D«, setzen also letztlich den Synonymie-Begriff voraus.
- Explikative Definitionen der Form »A: =D« zielen auf eine Präzisierung der Bedeutung von »A«, ohne dass eine vorgängige Synonymie von »A« und »D« vorausgesetzt wird; aber die semantische Präzisierung muss bevorzugten sprachlichen Kontexten entnommen werden, in denen dann doch die Synonymie von »A« und »D« vorausgesetzt werden muss.

- Stipulative Definitionen stellen Synonymie zwischen den beteiligten Begriffen durch Konvention her. Hier wird Synonymie zwar nicht vorausgesetzt, aber willkürlich geschaffen.

Resultat: Außer im willkürlichen Fall von stipulativen Definitionen beruhen Definitionen auf Annahmen über Synonymie.

(ii) Dies gilt auch für Definitionen in formalen Wissenschaften und formalen Sprachen, in denen man gewöhnlich eine restriktive Grundsprache einführt, mit der man alle Sätze der Sprache formulieren kann, allerdings auf umständliche Weise. Zur Abkürzung der Ausdrücke kann man weitere Ausdrücke auf der Basis der Grundsprache definieren. Diese Definitionen sind allerdings ihrerseits wieder lexikographisch, explikativ oder stipulativ.

Resultat im Ganzen: These T1 erweist sich als falsch. Der Begriff der Synonymität scheint für Analytizität grundlegend zu sein.

5. Der Begriff der Synonymie
   (i) Eine naheliegende Möglichkeit, Synonymie zu erläutern, ist These
   (T2) Zwei Ausdrücke sind synonym, wenn sie in allen Kontexten (abgesehen von Wortfragmenten) salva veritate (also unter Wahrung des Wahrheitswertes) ausgetauscht werden können.
   Dabei handelt es sich um kognitive Synonymie, d. h. um Synonymie, die auf einem intersubjektiven öffentlichen Sprachgebrauch beruht.
   (ii) Es scheint, als liefere T2 ein hinreichendes Kriterium für Synonymie. Betrachten wir z. B. wahre Sätze der Form (a) »Es ist notwendig, dass P-Gegenstände P sind«. Wenn dann »P« salva veritate gegen »Q« ausgetauscht wird, entsteht der wahre Satz (b) »Es ist notwendig, dass P-Gegenstände Q sind«

(setze etwa P = Junggeselle, Q = unverheirateter Mann). Und Satz (b) besagt gerade, dass dieser Satz analytisch wahr ist, d. h. dass »P« und »Q« kognitiv synonym sind.

(iii) Das Problem ist jedoch, dass T2 auf Analytizität zurückgreift und auf bestimmte Sprachen relativiert werden muss. Das Argument (ii) benutzt eine (reiche) modale Sprache und nutzt die modalen Begriffe aus. In einer rein extensionalen (d. h. in einer nicht-modalen) Sprache gilt jedoch:
(T3) In einer rein extensionalen Sprache sind zwei Ausdrücke genau dann salva veritate austauschbar, wenn sie extensional übereinstimmen.
Mit T3 folgt, dass T2 für rein extensionale Sprachen nicht gilt: Die Ausdrücke »Lebewesen mit Herz« und »Lebewesen mit Niere« stimmen z. B. extensional überein, sind aber nicht kognitiv synonym.

(iv) Resultat: Es gelingt nicht, Analytizität aus Synonymie abzuleiten. Eher scheint das Umgekehrte möglich zu sein: Zwei Ausdrücke sind kognitiv synonym, wenn sie in analytischen Sätzen vorkommen und unter Wahrung der Analytizität (»salva analyticitate«) gegeneinander ausgetauscht werden können (abgesehen von Wortfragmenten). Also muss erneut Analytizität betrachtet werden.

6. Analytizität und semantische Regeln
Zuweilen wird die Meinung vertreten, dass sich Analytizität zumindest im Falle künstlicher formaler Sprachen bestimmen lässt:
(T4) Sei S eine künstliche formale Sprache, die ihren syntaktisch bestimmten Ausdrücken über semantische Regeln eine Interpretation gibt; dann lassen sich die analytischen Aussagen in S über die semantischen Regeln von S bestimmen.

Das Problem mit T4 ist, dass der Begriff der semantischen Regel letztlich seinerseits auch in künstlichen Sprachen ein Verständnis von Analytizität voraussetzt:

- Zuweilen haben semantische Regeln einer Sprache S einfach die Form »Die Aussagen A_1, ..., A_n aus S sind analytisch«; hier ist offenbar ein Verständnis von Analytizität vorausgesetzt.
- Manchmal haben semantische Regeln die Form von Wahrheitsregeln, d. h. die Form »Die Aussagen A_1, ..., A_n aus S sind wahr«. Dann soll gelten: A ist analytisch, wenn A wahr ist aufgrund einer semantischen Regel von S. Aber dann greifen wir auf den Begriff einer semantischen Regel zurück, der so lange unklar bleibt, bis er nicht klar von wahren Sätzen abgegrenzt wird (nicht alle wahren Sätze können semantische Regeln sein); und diese Abgrenzung erfordert vermutlich ein Verständnis von Analytizität.

Beide Arten von semantischen Regeln sind außerdem deshalb problematisch, weil sie allenfalls eine Analytizität-in-S* bestimmen, wobei S* eine bestimmte gegebene Sprache ist; wir brauchen jedoch eine Bestimmung von Analytizität-in-S für beliebige Sprachen S (wobei also »S« eine Variable ist). Und schließlich lassen sich semantische Regeln von Wahrheitsregeln höchstens, wie Postulate, durch bestimmte Zwecke abgrenzen, die sie theoretisch erfüllen sollen; unabhängig von diesen Zwecken ist jede Wahrheitsregel eine semantische Regel und damit ein analytischer Satz.

7. Sehr kurzer Ausblick

Man sollte meinen, dass Wahrheit in jeglicher Form mit Tatsachen zusammenhängt. Vielleicht könnte daher die Analytizität von Sätzen – was auch immer Analytizität genauer sein mag – mit Verweis auf spezielle natürliche, mentale oder kulturelle Tatsachen erklärt werden. Aber genau diese Strategie würde die scharfe Kluft zwischen analytischen und synthetischen Sätzen im Grundsatz (a) aufheben.

B Zu Grundsatz (b)

(1) Ein empiristischer Versuch der Erklärung von Synonymie und Analytizität
Die logischen Empiristen haben behauptet
(T5) Zwei Aussagen sind synonym genau dann, wenn sie in der Methode ihrer empirischen Überprüfung übereinstimmen.
Diese These beruht auf der Idee, dass die Methode der empirischen Überprüfung die Bedeutung von Sätzen bestimmt. Aber im Begriff der Methode der empirischen Überprüfung steckt die Idee des empiristischen Reduktionismus, also Grundsatz (b). T5 ist abhängig von der Plausibilität dieses Grundsatzes.

(2) Zum empiristischen Reduktionismus
Der radikale Reduktionismus behauptet
(T6) Jede sinnvolle Aussage ist ohne Verlust in eine Aussage über empirische Erfahrung übersetzbar.
Diese These hat sich als unhaltbar herausgestellt.
Der subtile Reduktionismus, als Reaktion auf die Unhaltbarkeit von T6, behauptet
(T7) Zu jeder sinnvollen Aussage A gibt es zwei mögliche Bereiche B1 und B2 sinnlicher Ereignisse derart, dass ein Ereignis aus B1 die Wahrscheinlichkeit der Wahrheit von A erhöhen und ein Ereignis aus B2 die Wahrscheinlichkeit der Wahrheit von A vermindern würde.
Die These T7 krankt an der unhaltbaren Voraussetzung, dass jede Aussage unabhängig von allen anderen Aussagen empirisch überprüft werden kann (diese Voraussetzung stellt die neue Form von Reduktionismus dar). Aber mit der Wahrheit oder

Falschheit einer bestimmten Aussage wird die Wahrheit oder Falschheit vieler weiterer Aussagen tangiert. Der Gegenvorschlag lautet
(T8) (Duhem-Quine-These) Die Aussagen unserer Sprachen über die Welt, angefangen bei alltäglichen über wissenschaftliche bis hin zu mathematischen und logischen Aussagen, treten nicht einzeln, sondern nur als Gesamtheit vor das Tribunal der empirischen Erfahrung.
Nach T8 ist Grundsatz (b) unhaltbar.
Resultat auch dieser Überlegung ist, dass Wissen und Wissenschaft zwar im Ganzen von Sprachen und empirischen Erfahrungen abhängen, dass sich jedoch der sprachliche und der faktische Anteil an einzelnen Aussagen nicht voneinander trennen lassen.

Übungen zu Kapitel 1: Prädikations- und Argumentationstheorie

Technische Vorbemerkung: In den folgenden Übungsaufgaben werden in der Aufgabenstellung sehr häufig einzelne Ausdrücke, Sätze und Schlüsse zitiert, meist in der allgemeinen Form »Prüfen Sie, ob der Ausdruck (Satz, Schluss) X ...«. Hier muss streng genommen »X« stets in Anführungszeichen stehen. Damit würde das Schriftbild aber sehr unübersichtlich werden. Der Kontext der Aufgabenstellung macht jedoch meist klar, welche Ausdrücke zitiert werden. In diesen Fällen wird daher, wie bereits im Haupttext bei Formeln, in den Übungsaufgaben auf die Anführungszeichen verzichtet.

1. Welche der folgenden Ausdrücke sind nach 1.2 und 1.3
   (a) Nominatoren
   (b) einstellige Prädikatoren

(c) zweistellige Prädikatoren
(d) weder Nominatoren noch Prädikatoren?

Haus, ältester Einwohner Frankreichs, laufen, Davidson, glücklich, nachdem, lieben, zwischen, liegen dazwischen, die Aufklärung, und, Minorität, die Universität Frankfurt/Main, Baum, kaufen, Bach, pfui, läppisch, Konzert, das italienische Konzert

2. Prüfen Sie, in welchen der folgenden Beispiele nach 1.12 p für q (a) hinreichend, (b) notwendig, (c) notwendig und hinreichend oder (d) weder notwendig noch hinreichend ist.
(a) p = Hitler marschierte in Polen ein; q = Die USA griffen in den Zweiten Weltkrieg ein.
(b) p = Petra ist eine Platon-Spezialistin; q = Petra hat den *Phaidon* gelesen.
(c) p = Hans studiert Mathematik; q = Hans wird Versicherungsmathematiker.
(d) p = Alle Norddeutschen sind reserviert; q = Hamburger sind reserviert.
(e) p = Petra ist nass; q = Hans hat Petra mit dem Schlauch bespritzt.
(f) p = Franz ist Musiker; q = Franz' Freundin ist Pianistin.
(g) p = a ist Mensch; q = a ist Lebewesen
(h) p = a ist Möbelstück; q = a ist Tisch
(i) p = a ist Zahl; q = a ist Farbe
(j) p = a ist eifersüchtig; q = a ist unsicher
(k) p = a ist eifersüchtig; q = a ist verliebt
(l) p = a ist Relation; q = a ist Prädikator
(m) p = 2 ist Teiler von a; q = a ist gerade

3. (a) Betrachten Sie folgende Sätze:
(i) Peter und Elke lieben sich.
(ii) Diese beiden Masseteilchen ziehen sich gegenseitig an.

(iii) Hamburg liegt zwischen Nordsee und Ostsee.
(iv) Anna, Petra und Christine sind faul, aber klug.
(v) Auch der Mensch, der älter ist als alle anderen lebenden Menschen der Welt, ist sterblich.
(vi) Die TeilnehmerInnen unserer Vorlesung schreiben nicht gern Klausuren.

Wieviel-stellig sind die Prädikatoren, die in diesen Sätzen vorkommen (prüfen Sie für jeden Satz alle Prädikatoren durch)?

(b) Man definiert (wobei »R (x, y)« eine Abkürzung ist für »x steht in der Beziehung R zu y«):
D1* Eine Relation R heißt (i) *reflexiv*, wenn für alle Gegenstände x gilt: R (x, x); sie heißt (ii) *symmetrisch*, wenn für je zwei Gegenstände x und y gilt: wenn R (x, y), so R (y, x); sie heißt (iii) *transitiv*, wenn für je drei Gegenstände x, y, z gilt: wenn R (x, y) und R (y, z), so R (x, z) und (iv) R heißt *Äquivalenzrelation*, wenn R reflexiv, symmetrisch und transitiv ist (z. B. ist die Relation »gleichaltrig« reflexiv (denn jeder ist mit sich selbst gleichaltrig), symmetrisch (denn wenn Person a mit Person b gleichaltrig ist, dann auch b mit a), und transitiv (denn wenn Person a mit b gleichaltrig ist und b mit Person c, dann auch a mit c); »gleichaltrig« ist also sogar eine Äquivalenzrelation).
(b1) Prüfen Sie, welche dieser Merkmale die folgenden Relationen haben: »Nachkomme sein«, »schwerer sein«, »Vater sein«, »dasselbe Volumen haben«.
(b2) Suchen Sie selbst je ein Beispiel für eine reflexive und eine symmetrische und eine transitive Relation sowie für eine Äquivalenzrelation.

4. Welche der folgenden Sätze sind nach 1.1 und 1.8 Aussagen? Welche Verwendung dominiert in den Sätzen, die keine Aussagen sind?

(a) Massen ziehen einander an.
(b) Wenn Schubert doch länger gelebt hätte!
(c) Die Waldsteinsonate spielt man langsamer.
(d) Gestern hat mich Franziska besucht.
(e) Die Zeit der Privatpolitik muss vorbei sein, jetzt redet nur noch der Vorstand.
(f) Bring mir ein Bier!
(g) In Deutschland wird nicht gefoltert.
(h) Zwei Stunden lang nervte der Ministerpräsident seine Minister mit seinem Starrsinn.
(i) Montauk ist im Herbst ein herrlicher Flecken Erde.
(j) Michael Jordan ist ein begnadeter Basketball-Spieler.
(k) Bekämpft die Rassisten mit allen Mitteln!

5. Versuchen Sie, anhand von jeweils einem Beispiel unter Berücksichtigung von 1.6 und 1.7 folgende Fragen zu beantworten:

(a) Gibt es Sätze, die keinen Wahrheitswert haben?
(b) Gibt es Sätze, die zwei Wahrheitswerte zugleich haben?
(c) Gibt es Sätze, in denen die deskriptive Verwendung überwiegt, die keinen Wahrheitswert haben, wenn dabei Wahrheit verstanden wird
 (i) im Sinne der Korrespondenztheorie,
 (ii) im Sinne der Konsenstheorie oder
 (iii) im Sinne der pragmatischen Theorie?

6. Notieren Sie folgende Prädikationen gemäß 1.5, indem Sie die großen Buchstaben P, Q, R als Abkürzungen für Prädikatoren, die kleinen Buchstaben a, b, c als Abkürzungen für Nominatoren benutzen:

(a) Hamburg ist eine Stadt.
(b) Franz verehrt Else.

(c) Else liebt Franz nicht.
(d) Gerda kauft für Marianne das schönste Kleid der Stadt.
(e) Der kleinste Spion der USA hasst den Chef der CIA.
(f) München liegt nicht zwischen Rom und Neapel.

7. Welches »ist« kommt nach 1.9 in den folgenden Sätzen vor?
(a) Zenon ist der Begründer der Stoa.
(b) Mozart ist ein bedeutender Komponist.
(c) Mozart ist der bedeutendste Komponist aller Zeiten.
(d) Der Löwe ist ein Steppentier.
(e) Das Nichts ist nicht. (Parmenides-These)
(f) Franz ist größer als Karl.
(g) Der Mensch ist leider sterblich.

8. Geben Sie an, was Ihrer Auffassung nach gemäß 1.10 der Bezug (= Referenz, Extension) und die Bedeutung (= Sinn, Intension) der folgenden Ausdrücke ist: Tisch, Kant, Lise Meitner, Prädikator, 6 ist eine ungerade Zahl, lieben, hinreichende Bedingung sein für …

9. Welche der Kommentare zu den folgenden Argumenten sind nach 1.13 inhaltlich, und welche sind formal?
(a) Freud vertrat das positivistische Wissenschaftsverständnis des 19. Jahrhunderts und hat auch die Psychoanalyse als kausale Theorie im positivistischen Sinne verstanden. Daher sind die hermeneutischen Interpretationen der Psychoanalyse, wie sie heute üblich sind, unzulässig.
Dazu:
(i) Freud hat aber die Psychoanalyse nicht einfach als kausale Theorie verstanden.
(ii) Hermeneutische Interpretationen der Psycho-

analyse haben durchaus ihre Verdienste und Berechtigung.

(iii) Selbst wenn Freud in seiner Wissenschaftsauffassung ein Kind des 19. Jahrhunderts war und daher die Psychoanalyse gar nicht anders als kausale Theorie auffassen konnte, könnten hermeneutische Deutungen der Psychoanalyse methodisch angemessener sein.

(iv) An verschiedenen Stellen seiner Schriften kritisiert Freud das positivistische Wissenschaftsverständnis.

(v) Freud könnte sich selbst methodisch missverstanden haben.

(vi) Die Positivisten haben kausale Theorien gar nicht anerkannt, denn sie haben den Begriff der Kausalität abgelehnt.

(b) Die staatliche Exekutive schützt große Gruppen von Minderheiten nicht mehr gegen rechtsextreme Gewalttäter. Daher hat der Staat die Berechtigung verloren, das Gewaltmonopol auszuüben.
Dazu:

(i) Die weitaus meisten Bürgerinnen und Bürger werden immer noch gegen Übergriffe aller Art wirksam geschützt.

(ii) Die Aufgabe des staatlichen Gewaltmonopols würde zum Bürgerkrieg führen und wäre daher verhängnisvoll.

(iii) Die politische Reaktion auf den mangelnden Schutz von Minderheiten sollte nicht die Selbstjustiz sein, sondern eine Verschärfung der legislativen und exekutiven Maßnahmen.

(iv) Erst wenn die staatliche Exekutive die Mehrheit der gesamten Bevölkerung nicht mehr gegen Gewalttäter aller Art schützt, verliert der Staat das Recht auf die Nutzung des Gewaltmonopols.

10. Welche Form haben nach 1.14–1.18 die folgenden Argumente? (Beachten Sie dabei: die Folge der Prämissen in Argumenten darf vertauscht werden – nämlich deshalb, weil wir uns die Prämissen als durch *und* verbunden denken können und weil »p und q« logisch dasselbe ist wie »q und p«):

(a) Wenn Barbara eine gute Logikerin ist, dann weiß sie, was ein Algorithmus ist. Aber Barbara weiß nicht, was ein Algorithmus ist. Daher ist sie keine gute Logikerin.

(b) Wenn Fritz ein guter Logiker ist, dann kann er sich in logischen Kalkülen bewegen und anderen erklären, was Logik ist. Tatsächlich kann Fritz sich in logischen Kalkülen bewegen und anderen erklären, was Logik ist. Also ist Fritz ein guter Logiker.

(c) Wenn die Sozialisten die Zahl der Arbeitslosen nicht entscheidend senken können, verlieren sie die nächste Wahl. Die Sozialisten können aber (mit ihrer Politik) die Zahl der Arbeitslosen nicht entscheidend senken. Daher verlieren sie die nächste Wahl.

(d) Wenn der Determinismus (2.78–2.82) wahr ist, so gibt es kein einziges Ereignis, das keine Ursache hat. Aber es gibt (zumindest im subatomaren Bereich) Ereignisse, die keine Ursache haben; also ist der Determinismus falsch.

(e) Gute wissenschaftliche Theorien sind prognostisch sehr erfolgreich. Die Annahme, dass gute wissenschaftliche Theorien die Welt einigermaßen korrekt abbilden, erklärt am besten, dass diese Theorien prognostisch sehr erfolgreich sind. Also bilden gute wissenschaftliche Theorien die Welt einigermaßen korrekt ab.

(f) Wenn Matthias sich schlecht ernährt, bleibt er nicht gesund; aber er bleibt gesund. Also: Matthias ernährt sich nicht schlecht.

(g) p und q; wenn p und q, dann r oder s; also: r oder s

(h) Wenn nicht p, dann nicht q; q also: p (beachte hier: nicht nicht p = p, für alle Sätze p)

(i) Wenn die psychologische Lerntheorie richtig ist, dann sagt sie Lernstörungen unter bestimmten Bedingungen richtig voraus. Tatsächlich sagt die psychologische Lerntheorie Lernstörungen unter bestimmten Bedingungen richtig voraus. Also ist diese Theorie richtig.

(j) Wenn die Vorstellung des Raumes eine reine Anschauung ist (d. h. nicht aus äußerer empirischer Erfahrung gewonnen werden kann, sondern im Gegenteil von äußerer empirischer Erfahrung vorausgesetzt wird), dann gibt es eine Konstruktion von Begriffen in der reinen Anschauung des Raumes. Geometrie ist die Konstruktion von Begriffen in der reinen Anschauung des Raumes. Also ist die Vorstellung des Raumes eine reine Anschauung. Wenn die Vorstellung des Raumes eine reine Anschauung ist, dann ist die reine Anschauung des Raumes uns kognitiv zugänglich. Also ist die reine Anschauung des Raumes uns kognitiv zugänglich. Daher gibt es den Raum als reine Anschauung.

(k) Alle guten Menschen sind oft unglücklich; wenn Fritz daher ein guter Mensch ist, ist er oft unglücklich.

AN 1.1. Frege, G.: Über Sinn und Bedeutung. In: G. F.: Funktion, Begriff, Bedeutung. Göttingen 1966. S. 40–65.

AN 1.2. Russell, B.: Über das Kennzeichnen. In: B. R.: Philosophische und politische Aufsätze. Stuttgart 1971. S. 3–22.

AN 1.3. Dummett, M.: Wahrheit. In: M. D.: Wahrheit. Fünf philosophische Aufsätze. Stuttgart 1982. S. 7–36.

Übungen zu Kapitel 2: Logik

11. Welche der folgenden Aussagen sind nach 1.20 synthetisch, welche sind analytisch? (Die letzten beiden Fälle sind schwierig!)

(a) Elefanten sind Säugetiere und legen keine Eier.
(b) In Afrika leben Elefanten.
(c) In Deutschland repräsentiert der Bundestag zusammen mit dem Bundesrat die Legislative, in den USA sind es das Repräsentantenhaus und der Senat.
(d) Galilei entdeckte, dass es auf dem Mond Berge und Täler gibt.
(e) Uhren sind Zeitmesser.
(f) Tiger sind Raubkatzen.
(g) In Indien leben Tiger.
(h) Heute scheint die Sonne.
(i) Auf einigen Sternen vollziehen sich Kernfusionen.
(j) Prädikatoren sind keine Nominatoren.
(k) Im Sommer steigt in Europa die Temperatur.
(l) Elementaraussagen sind quantifizierbar.
(m) Nicht jedes hinreichende Kriterium ist auch notwendig.
(n) Kräfte sind proportional zu Geschwindigkeiten.
(o) Nach der aristotelischen Physik sind Kräfte proportional zu Geschwindigkeiten.

12. Erfüllt der Satz »Der französische König, der im Jahre 2000 n. u. Z. regierte, war kahlköpfig« das Bivalenzprinzip gemäß 1.21?

13. Notieren Sie die folgenden Ausdrücke gemäß 1.5, und wandeln Sie dann die Aussagen in offene Sätze (1.25) bzw. die offenen Sätze in Aussagen um:

(a) Barbara ist Pianistin.
(b) x ist schlau.

(c) x ist Philosoph und x ist Musiker.
(d) Fritz ist kleiner als Fred.
(e) Wenn Fritz dümmer ist als Fred, dann ist Fritz unglücklich.
(f) Wenn Peter in Afrika lebt und Christine in Europa lebt, dann wird Peter leichter mit dem HIV-Virus infiziert als Christine.
(g) Nur wenn x verlogen ist, wird x von y gehasst.

14. Welche der folgenden Aussagen sind gemäß 1.27 und 1.28 singulär, welche quantifiziert?
(a) Peter und Elke lieben sich.
(b) Alle Masseteilchen ziehen sich gegenseitig an.
(c) Hamburg liegt zwischen Nordsee und Ostsee.
(d) Einige Studenten sind faul, aber klug.
(e) Der Mensch ist sterblich.
(f) Es gibt sehr schlechte Menschen.
(g) Christine liebt einige Männer.
(h) Alle Frauen lieben Franz.
(i) Wenn du zu schnell fährst und unaufmerksam bist, wirst du verunglücken.

15. Stellen Sie nach 1.29 die aussagenlogische Form (also das Aussageschema, die Aussageform) folgender komplexer Aussagen und Schlüsse dar (klammern Sie dabei die durch Junktoren verbundenen Aussagen, die im Rahmen einer komplexen Aussage enger zusammengehören als andere, ein; z. B. »p und q oder r« kann verstanden werden als: »(p und q) oder r« oder als: »p und (q oder r)«.)
(a) Du bist müde und abgespannt, oder du spielst mir etwas vor.
(b) Wenn du mich morgen nicht besuchst, werde ich arbeiten oder ins Theater gehen.
(c) Wenn a und b Zahlen sind, dann ist $a = b$ genau dann, wenn nicht $a > b$ und nicht $a < b$ gilt.

(d) Du kannst ausgehen, wenn ich morgen nicht da bin oder keine Zeit habe.
(e) Wenn es morgen regnet oder schneit, lese ich ein Buch und gehe nicht weg.
(f) Wenn das neue Konjunkturprogramm die wirtschaftliche Lage verbessert und der Textilbranche auf die Sprünge hilft, wird Müller sein Auto nicht verkaufen und sein Haus nicht vermieten, sondern seine Boutique weiter ausbauen oder ein weiteres Geschäft eröffnen.
(g) (i) Wenn Franz die antike Philosophie intensiv studiert hat, kennt er Platons Formenlehre.
(ii) Also: Wenn Franz Platons Formenlehre nicht kennt, hat er die antike Philosophie nicht intensiv studiert.
(h) (i) Wenn dieses Buch interessant ist, wird es von vielen Studierenden gelesen werden.
(ii) Also: Wenn nicht viele Studierende dieses Buch lesen, ist es nicht interessant.
(i) (i) Wenn die Koalition den Rechtsextremismus fördert, muss sie abgewählt werden.
(ii) Die Koalition fördert den Rechtsextremismus.
(iii) Also: Die Koalition muss abgewählt werden.
(j) (i) Wenn es viele gute Gründe gegen den Verzehr von Fleisch gibt, sollten möglichst viele Menschen Vegetarier werden.
(ii) Es gibt viele gute Gründe gegen den Verzehr von Fleisch.
(iii) Also: Möglichst viele Menschen sollten Vegetarier werden.

16. In welchem Widerspruch stehen nach 1.30 in den folgenden Beispielen jeweils die Sätze (i) und (ii) zueinander? Im Falle des konträren Widerspruchs: Handelt es sich um empirische oder analytische Inkonsistenz?
(a) (i) Dieses Tier ist eine Raubkatze.
(ii) Dieses Tier ist ein Fisch.

(b) (i) Fido hat den Briefträger gebissen.
(ii) Der Briefträger ist von Fido nicht gebissen worden.
(c) (i) Staat X ist ein liberaler Rechtsstaat.
(ii) Die Ordnung des Staates X beruht auf der Scharia.
(d) (i) Ich sitze auf meiner Gartenbank, und die Sonne scheint mir ins Gesicht.
(ii) Ich sitze auf meiner Gartenbank, und aus dichten Wolken peitscht mir der Regen ins Gesicht.

17. Welche der folgenden Satzoperatoren sind nach 1.31 logische Junktoren (beachten Sie: es gibt mehr als die in 1.32 aufgeführten logischen Junktoren)?
weil, nachdem, und nicht, bevor

18. Welchen Wahrheitswert (WW) ergibt eine WW-Analyse (Auswertung) der folgenden Aussageformen nach 1.34 unter den beiden Wahrheitswertannahmen: (a) p = w, q = f; (b) p = f, q = w?
(i) $p \supset (q \supset p)$
(ii) $\neg (p \vee \neg q)$
(iii) $\neg p \wedge \neg q$
(iv) $p \equiv \neg q$
(v) $(p \wedge \neg q) \supset \neg p$
(vi) $\neg (p \wedge q) \supset (\neg p \vee \neg q)$
(vii) $(p \equiv q) \equiv (p \equiv \neg q)$

19. Für welche WW ihrer Teilsätze haben folgende Aussageformen nach 1.32 denselben WW?
Geben Sie alle Möglichkeiten an!
(a) $p \vee q$, $p \wedge q$
(b) $p \wedge q$, $p \supset q$
(c) $p \vee q$, $p \equiv q$
(d) $p \wedge q$, $p \equiv q$, $p \supset q$
(e) $p \wedge q$, $p \equiv q$, $p \vee q$

20. Prüfen Sie gemäß 1.34 (3), ob die folgenden Aussageformen aussagenlogisch wahr sind (d. h., ob ihre Wahrheitswert-Analyse unter allen möglichen Wahrheitswertannahmen den Wahrheitswert »w« ergibt):

(a) $(p \supset q) \equiv (\neg p \vee q)$ (d) $(p \wedge (p \supset q)) \supset q$
(b) $(p \supset q) \equiv (\neg p \equiv \neg q)$ (e) $(p \vee \neg q) \supset (\neg p \vee q)$
(c) $p \supset (q \supset p)$ (f) $p \supset (p \vee q)$

21. Prüfen Sie, ob folgende komplexe Aussage *aussagenlogisch wahr* ist:

Wenn gilt: Wenn Gott einen Stein schaffen kann, den er selber nicht heben kann, dann ist Gott nicht allmächtig. Und: Wenn Gott keinen Stein schaffen kann, den er nicht selber heben kann, dann ist Gott nicht allmächtig. Und: Gott kann einen Stein schaffen, den er nicht selber heben kann oder Gott kann keinen Stein schaffen, den er nicht selber heben kann; dann gilt: Gott ist nicht allmächtig.

22. Prüfen Sie, ob folgende komplexe Aussage *aussagenlogisch wahr* ist:

Wenn gilt: Wenn wir nach dem Tode einen traumlosen Schlaf schlafen, dann ist der Tod ein Gewinn. Und: Wenn wir nach dem Tode das Vergnügen haben, den verstorbenen Halbgöttern und Heroen zu begegnen, dann ist der Tod ein Gewinn. Und: Nach dem Tode schlafen wir einen traumlosen Schlaf oder haben das Vergnügen, den verstorbenen Halbgöttern und Heroen zu begegnen; dann gilt: Der Tod ist ein Gewinn (vgl. Platon, *Apologie* 40c–41c).

Anmerkung: Bei den Aufgaben 21 und 22 handelt es sich um *Dilemmata* oder *zweihörnige Schlüsse.*

23. Prüfen Sie unter Anwendung von 1.22, ob folgende Schlüsse aussagenlogisch gültig sind:

(a) Wenn die Lohnabhängigen zufrieden sind, sind die

Preise nicht hoch; wenn die Lohnabhängigen nicht zufrieden sind, gibt es Streik; also: wenn die Preise hoch sind, gibt es Streik.

(b) Wenn körperliche Liebe nicht tugendhaft ist, dann ist der Hedonismus nicht korrekt; wenn körperliche Liebe tugendhaft ist, dann ist Pflichtbewusstsein nicht die höchste Tugend oder die höchste Pflicht ist das Erlangen von Vergnügen; aber die höchste Pflicht ist nicht das Erlangen von Vergnügen; also: Pflichtbewusstsein ist nicht die höchste Tugend, oder der Hedonismus ist nicht korrekt.

24. Sind der Modus ponens und der Modus tollens (1.15) aussagenlogisch gültige Schlüsse?

25. Symbolisieren Sie mit Hilfe von 1.39 folgende Sätze prädikatenlogisch:

(a) Es gibt feige Männer.
(b) Einige Mathematiker sind engstirnig.
(c) Kein Philosoph ist einflussreich.
(d) Einige Frauen sind nicht fügsam.
(e) Alle Autos sind schädlich und gefährlich.
(f) Jedes Auto ist teuer und anfällig.
(g) Wenn alle Autos schädlich sind, ist kein Autofahrer klug.
(h) Wenn alle Menschen sterblich sind und Sokrates ein Mensch ist, dann ist Sokrates sterblich.
(i) Einige Zigarettenraucher sterben an Krebs und einige an Herzversagen, aber einige leben auch lange oder sterben nicht an Krebs.
(j) Wenn kein Politiker klug ist und einige Frauen klug sind, dann sind einige Frauen keine Politiker.

26. Sei L(x, y) der zweistellige Prädikator »x ist kleiner als y«; welche der folgenden Aussagen sind unter dieser Voraussetzung wahr, welche falsch?

(a) $\forall x\ L(x, x)$
(b) $\forall x\ \forall y\ (L(x, y) \supset L(y, x))$
(c) $\forall x\ \exists y\ L(x, y)$
(d) $\exists x\ \forall y\ L(x, y)$
(e) $\neg\ \forall x\ L(x, x)$
(f) $\forall x\ \neg\ L(x, x)$
(g) $\exists x\ \neg\ \exists y\ L(x, y)$

27. Finden Sie jeweils zwei verschiedene wahre und zwei verschiedene falsche Einsetzungen von konkreten Prädikatoren für die Prädikatorenvariablen:

(a) $\forall x\ (P(x) \supset \neg\ Q(x))$
(b) $\exists x\ (P(x) \land \neg\ Q(x))$
(c) $\forall x\ (\neg\ P(x) \supset Q(x))$
(d) $\forall x\ (P(x) \land Q(x) \supset R(x))$

28. Symbolisieren Sie prädikatenlogisch (dabei soll der betrachtete Gegenstandsbereich von vornherein auf die Menge aller Menschen eingeschränkt sein, d. h., dass es sich bei den Variablen um Menschen handelt, muss nicht eigens formalisiert werden):

(a) Irgend etwas stört Petra.
(b) Peter sieht etwas.
(c) Alle lieben Maria.
(d) Franz von Assisi liebt alle Menschen.
(e) Jeder hat einen Freund.
(f) Niemand wird von allen geliebt.
(g) Jeder Zustand hat eine Ursache (Kausalitätsprinzip).
(h) Keine Regel ohne Ausnahme.
(i) Alle Menschen streben nach einem höchsten Gut.
(j) Es gibt ein höchstes Gut, nach dem alle Menschen streben.

29. Halten Sie das folgende Argument, mit dem Aristoteles seine *Nikomachische Ethik* eröffnet, für schlüssig? Er behauptet (zumindest nach einer der möglichen Lesarten):

Jedes praktische Können, jede wissenschaftliche Untersuchung, ebenso alles Handeln und Wählen strebt nach einem Gut. Daher gibt es genau ein Gut, nach dem jede Aktivität strebt, und dies ist das höchste Gut.

30. Was heißt:
(a) $\neg \forall x \forall y R(x, y)$;
(b) $\forall x \neg \forall y R(x, y)$;
(c) $\neg \exists x \forall y R(x, y)$;
(d) $\exists x \neg \forall y R(x, y)$;
(e) $\neg \exists x \exists y R(x, y)$;
(f) $\exists x \neg \exists y R(x, y)$;
(g) $\neg \exists y R(a, y)$;
(h) $\forall x R(x, a)$;
(i) $\forall y R(a, y)$;
(j) $\neg \forall y R(a, y)$;
(k) $\exists x R(x, a)$;
(l) $\exists y R(a, y)$;
für a = Barbara und R(x, y) = x verehrt y bzw. verehren (x, y)?

AN 2.1. Tarski, A.: Einführung in die mathematische Logik. Göttingen 1966. S. 17–27, 31–46.
AN 2.2. Lorenzen, P.: Metamathematik. Mannheim 1962. Kap. 1 §§ 1–2 (S. 15–33).
AN 2.3. Ayer, A.: Sprache, Wahrheit und Logik. Stuttgart 1970. S. 37–38, 44–48, 17–20, 49–51 (in dieser Reihenfolge).

Übungen zu Kapitel 3: Anwendungen der Logik

31. Eine Anwendung der Aussagenlogik
Es gelten folgende Mengengesetze:
(1) $M \cup N = N \cup M$
(2) $M \cup (N \cap O) = (M \cup N) \cap (M \cup O)$
(3) $\overline{M \cup N} = \overline{M} \cap \overline{N}$

Beantworten Sie mit Blick auf den Abschnitt »Aussagenlogik und Mengenlehre« (s. o. S. 113–114) folgende Fragen:

(i) Welche Aussageformen liegen diesen Gesetzen nach (a)–(c) zugrunde?
(ii) Zeigen Sie, dass diese Aussageformen aussagenlogisch wahr sind.
(iii) Beweisen Sie die Geltung von (1)–(3) mit Hilfe der Aussagenlogik!

32. Analysieren Sie das folgende Argument aus Platon, *Charmides* (160d–161a) prädikatenlogisch (stellen Sie dabei Sätze der Form »das P ist Q« bzw. »das P ist Q und nicht Q« extensional dar, d. h. als »alle P's sind Q« bzw. »es gibt P's, die Q sind, und es gibt P's, die nicht Q sind«; vergleichen Sie das Analyse-Beispiel auf S. 107). Ist dieses Argument Ihrer Ansicht nach schlüssig?

Sokrates: Noch einmal also, Charmides, … sage geradeheraus, was dir die Besonnenheit zu sein scheint. – Mir scheint also, sagte er, die Besonnenheit genau das zu sein, was die Scham ist. – Sei es also, sagte ich. Hast du nicht gerade zugestimmt, dass die Besonnenheit etwas Schönes ist? – Genau, sagte er. – Also sind die Besonnenen auch gute Menschen? – Ja. – … Also ist die Besonnenheit nicht nur etwas Schönes, sondern auch etwas Gutes. – So scheint es sich mir jedenfalls zu verhalten. – Was aber? sagte ich, vertraust du nicht dem Homer, dass er gut redet, wenn er sagt »Die Scham ist nicht gut für den bedürftigen Menschen«? – Das tue ich, sagte er. – Also ist, wie es scheint, die Scham etwas Gutes und nicht etwas Gutes. – So scheint es. – Die Besonnenheit aber ist etwas Gutes … – Tatsächlich scheint es sich mir so zu verhalten, wie du sagst. – Folglich dürfte die Besonnenheit nicht Scham sein, wenn sie denn wirklich etwas Gutes ist, die Scham jedoch um nichts mehr Gutes als auch Schlechtes ist.

33. Betrachten Sie das folgende kleine Axiomensystem: U, ≤ (U irgendeine Menge, ≤ irgendeine zweistellige Relation)

Es gelten drei Axiome (alle x sind aus U zu denken):
A1 $\forall x\,(x \leq x)$
A2 $\forall x\,\forall y\,(x \leq y \wedge y \leq x \supset x = y)$
A3 $\forall x\,\forall y\,\forall z\,(x \leq y \wedge y \leq z \supset x \leq z)$

Und schon können wir ein erstes Theorem beweisen (in den Klammern steht die Rechtfertigung für die jeweilige Zeile). Dabei ist alles nur ein Spiel mit bloßen Symbolen:

(T1) $\forall x \forall y\,\forall z\,(x \leq z \leq y \wedge x = y \supset x = y = z)$

Beweis: $\forall x\,\forall y\,\forall z\,(x \leq z \leq y \wedge x = y \supset x \leq z \leq x)$ (Logik)
$\forall x\,\forall z\,(x \leq z \wedge z \leq x \supset x = z)$ (A2), z für y
$\forall x\,\forall y\,\forall z\,(x \leq z \leq y \wedge x = y \supset x = z)$ (Logik)
$\forall x\,\forall y\,\forall z\,(x \leq z \leq y \wedge x = y \supset x = z \wedge x = y)$ (Logik)
$\forall x\,\forall y\,\forall z\,(x \leq z \leq y \wedge x = y \supset x = y = z)$ (Logik)

Wenn man in einem Kalkül nicht weiterkommt, fügt man eine geeignete Definition ein:
Def.: $\forall x\,\forall y\,(x < y := x \leq y \wedge \neg\,(x = y))$

Und schon kann es mit den Theoremen weitergehen, z. B.

(T2) $\forall x\,\neg\,(x < x)$

Beweis: $\forall x\,\neg\,(\neg\,(x = x))$ (Logik)
$\forall x\,\neg\,(\neg\,(x = x)) \supset (\neg\,(x \leq x) \supset (x = x))$ (Logik)
$\forall x\,(\neg\,(x \leq x) \supset (x = x))$ (Logik)
$\forall x\,\neg\,(x \leq x \wedge \neg\,(x = x))$ (Logik)
$\forall x\,\neg\,(x < x)$ Def.

So könnten wir mit unserem Kalkülspiel fortfahren; aber der Beispiele ist es genug, und darum wollen wir hier abbrechen.

Soweit ist also unser Kalkül nur ein Spiel mit Zeichen; aber bedeutet es auch etwas? Offenbar bedeutet es erst dann etwas, wenn seine Zeichen »U« und »≤« eine Bedeutung oder *Interpretation* erhalten. Eine solche Interpretation ist ein semantisches Modell, falls die Axiome A1–A3 unter dieser Interpretation wahr sind. Hier sind sieben verschiedene Interpretationen dieses Axiomensystems:

(i) U: = Menge der ganzen Zahlen; x ≤ y: = x ist Teiler von y

(ii) U: = Menge der ganzen Zahlen; x ≤ y: = x ist invers zu y bezüglich + (d. h. x + y = 0)

(iii) U: = Menge aller Teilmengen einer Menge; x ≤ y: = x ist Teilmenge von y

(iv) U: = Menge aller Aussagen; x ≤ y: = x impliziert logisch y

(v) U: = Menge aller Körper; x ≤ y: = x ist kälter oder gleich kalt wie y

(vi) U: = Menge aller Menschen; x ≤ y: = x liebt y

(vii) U: = Menge aller menschlichen Organisationen; x ≤ y: = x hat politischen Einfluss auf y

Frage: Welche dieser sieben Interpretationen ist nach 1.41 (2) ein semantisches Modell für A1–A3?

AN 3.1. Carnap, R.: Grundlagen der Logik und Mathematik. München 1973. Kap. 3, Abschnitte 13–16 (S. 43–54).

AN 3.2. Gödel, K.: Über formal unentscheidbare Sätze der Principia Mathematica und verwandter Systeme I. In: Monatshefte für Mathematik und Physik 38 (1931) 173–198.

AN 3.3. Putnam, H.: Gehirne im Tank. In: H. P.: Vernunft, Wahrheit und Geschichte. Frankfurt a. M. 1990. Kap. 1 (S. 15–40).

Literaturhinweise

Grundlegende Schriften

Ayer, A. J.: Language, Truth and Logic. London 1936. – Dt.: Sprache, Wahrheit und Logik. Stuttgart 1981.

Frege, G.: Logische Untersuchungen. Göttingen 1993.

Quine, W. v.: From a Logical Point of View. Cambridge (Mass.) 1953. – Dt.: Von einem logischen Standpunkt. Frankfurt a. M. 1960.

– Word and Object. Cambridge (Mass.) 1960. – Dt.: Wort und Gegenstand. Reinbek 1980.

Strawson, P. F.: Individuals. London 1959. – Dt.: Einzelding und logisches Subjekt. Reinbek 1972.

Einführungen zu Kapitel 1

Føllesdal, D. / Walløe, L. / Elster, J.: Rationale Argumentation. Ein Grundkurs in Argumentations- und Wissenschaftstheorie. Berlin 1986.

Kirkham, R. L.: Theories of Truth – A Critical Introduction. Cambridge 1992.

Künne, W.: Conceptions of Truth. Oxford 2003.

Skirbekk, G. (Hrsg.): Wahrheitstheorien. Frankfurt a. M. 1977.

Tetens, H.: Philosophisches Argumentieren. Eine Einführung. München 2004.

Toulmin, S. E.: The Uses of Argument. Cambridge 2003.

Tugendhat, E. / Wolf, U.: Logisch-semantische Propädeutik. Stuttgart 1983.

Weston, A.: A Rulebook for Arguments. Indianapolis 1992.

Weiterführende Literatur zu Kapitel 1

Dummett, M.: Truth and Other Enigmas. London 1978. – Dt.: Wahrheit. Stuttgart 1982.

Frege, G.: Funktion, Begriff, Bedeutung. Göttingen 1962.

Russell, B.: On Denoting. In: Mind 14 (1956) S. 479–493. – Dt.: Über das Kennzeichnen. In: B. R.: Philosophische und politische Aufsätze. Stuttgart 1971.
Savigny, E. v.: Analytische Philosophie. Freiburg/München 1970.
Searle, J. R.: Speech Acts. Cambridge (Mass.) 1969. – Dt.: Sprechakte. Frankfurt a. M. 1971.
Urmson, J. O.: Philosophical Analysis. Oxford 1956.

Einführungen zu Kapitel 2

Beckermann, A.: Einführung in die Logik. Berlin / New York 1997.
Bucher, T. G.: Einführung in die angewandte Logik. Berlin / New York 1998.
Carnap, R.: Foundations of Logic and Mathematics. International Encycl. of Unified Science. 1939. – Dt.: Grundlagen der Logik und Mathematik. München 1973.
Essler, W. / Martinez, C. / Labude, J.: Grundzüge der Logik I. Das logische Schließen. Frankfurt a. M. 2001.
Gabbay, D. / Guenthner, F. (Hrsg.): Handbook of Philosophical Logic. Dordrecht 1983–89.
Hughes, G. E. / Cresswell, M. J.: A New Introduction to Modal Logic. London 1996.
Kutschera, F. v. / Breitkopf, A.: Einführung in die moderne Logik. Freiburg i. Br. / München [7]2000.
– Elementare Logik. Wien / New York 1967.
Passmore, J.: A Hundred Years of Philosophy. Tl. 2. Harmondsworth 1968.
Priest, G.: Logic: A very Short Introduction. Oxford 2001.
– An Introduction to Non-Classical Logic. Cambridge 2001.
Quine, W. v.: Methods of Logic. New York 1950. – Dt.: Grundzüge der Logik. Frankfurt a. M. 1974.
Salmon, W.: Logik. Stuttgart 1983.
Stegmüller, W.: Unvollständigkeit und Unentscheidbarkeit. Die metamathematischen Resultate von Goedel, Church, Kleene, Rosser und ihre erkenntnistheoretische Bedeutung. Wien 1973.
Stuhlmann-Laeisz, R.: Philosophische Logik – Eine Einführung mit Anwendungen. Paderborn 2002.

Weiterführende Literatur zu Kapitel 2

Alston, W. P.: A Realist Conception of Truth. Oxford 1996.
Carnap, R.: Die logische Syntax der Sprache. Wien 1934.
Gentzen, G.: Untersuchungen über das logische Schließen. In: Mathematische Zeitschrift 39 (1934) S. 176–210, 405–431.
Jacquette, D. (Hrsg.): Companion to Philosophical Logic. London 2002.
Kneale, W. / Kneale, M.: The Development of Logic. Oxford 1984.
Lorenzen, P.: Formale Logik. Berlin 1958.
Salmon, W.: Logik. Stuttgart 1983.

Einführung zu Kapitel 3

Bucher, T. G.: Einführung in die angewandte Logik. Berlin / New York 1998.
Tarski, A.: Einführung in die mathematische Logik. Göttingen 1966.

Weiterführende Literatur zu Kapitel 3

Gödel, K.: Über Vollständigkeit und Widerspruchsfreiheit. In: Ergebnisse eines mathematischen Kolloquiums. Vol. 3. 1931. S. 12–13.
– Über formal unentscheidbare Sätze der Principia Mathematica und verwandter Systeme I. In: Monatsheft für Mathematik und Physik 38 (1931) S. 17.
Hofstadter, D. R.: Gödel, Escher, Bach. Ein Endloses Geflochtenes Band. München 1991.
Neumann, J. v.: Eine Axiomatisierung der Mengenlehre. In: Journal für reine und angewandte Mathematik 154 (1925) S. 219–240.

Register

Das Register listet die Begriffe und Positionen auf, die in den grauen Kästen erläutert werden. Die Haupteinträge sind fast immer Substantive. In den Untereinträgen wird zum Teil auch nach Adjektiven gelistet. Die Zahlen in Klammern geben die Nummer der Erläuterung (oder Definition) an, in der die gelisteten Begriffe vorkommen. Die Zahlen ohne Klammern geben die Seite an, auf der die zuvor genannte Erläuterung vorkommt.